AF563299

Der, Die, Das

Los Secretos del Género del Idioma Alemán

Constantin Vayenas
Traducción de Cecilia María Mathis

Constantin Vayenas
Der, Die, Das: Los Secretos del Género del Idioma Alemán
Traducción al español de Cecilia María Mathis

ISBN 978-3-9524810-4-2

Un registro del catálogo de este libro está disponible en la Biblioteca Nacional de Suiza en los catálogos Schweizer Buch y Helveticat. Ambos catálogos están disponibles en línea (www.nb.admin.ch).

www.der-die-das.ch

Tabla de Contenidos

Introducción

Los extranjeros que desean hablar alemán de manera correcta se confrontan con el desafío de no conocer el género de los sustantivos. Dado que los sustantivos constituyen más del setenta por ciento de las palabras en la lengua alemana, [1] no es éste un obstáculo insignificante. Si además consideramos que los artículos –*der*, *die*, *das*– en su conjunto son las palabras más utilizadas en el idioma alemán,[2] la dificultad de emplearlos al menos de manera correcta y suficiente como para poder hablar con fluidez puede resultar irritante. Los estudiantes saben que, a pesar de haber invertido muchas horas en el aprendizaje del idioma alemán, si utilizan mal el género de los sustantivos, se exponen a sonar como pobremente educados y además distraen al oyente del mensaje básico.

¿Porqué es tan difícil para los estudiantes extranjeros dominar el género en alemán? Hay dos razones claves: la primera es que no se enseña. Los libros de gramática alemana lo evitan. De la misma manera que los libros de gramática alemana no son diccionarios y no definen palabras, sus autores no ven la necesidad de explicar la relación que hay entre sustantivos y género. Esa es la especialidad de otros, no de los docentes.[3] Este enfoque de no enseñar el género del alemán a estudiantes extranjeros es exactamente lo que Mark Twain experimentó con sus maestros de alemán en el siglo XIX: "Cada sustantivo posee un género, y no hay sentido o un sistema en su distribución, por lo tanto, el género de cada uno debe ser aprendido separadamente y de memoria. No hay otra manera."[4]

A los estudiantes extranjeros que tratan de descifrar entonces el género en alemán, se les dice esencialmente que memoricen el diccionario. Esta dura "prueba de amor" por el idioma se comunica desde la perspectiva de maestros y profesores, como los de Twain, por la cual la asignación del género al sustantivo es esencialmente una arbitrariedad. Siendo éste entonces el caso, se creía que no había ningún contenido especial en este tópico que pudiere enseñarse a alumnos extranjeros de la lengua.[5]

Pero luego llegó la era de la informática, con sus habilidades para procesar vastas cantidades de información. Los lingüistas comenzaron a procesar el diccionario alemán a través del software hasta publicar tesis doctorales con los resultados obtenidos. Ello ha resultado en perspectivas muy novedosas.[6] Dichos trabajos demostraron que la relación entre género y sustantivos no parecía ser tan arbitraria. Cuánto más analizaban, descubrían cada vez mayor cantidad de patrones.

Sin embargo, estos descubrimientos importantes no han sido incorporados en los libros estándar de gramática alemana por la razón anteriormente mencionada; ésta no refleja la mirada que tiene la gramática tradicional alemana. Esta omisión significa que estas percepciones son desconocidas por los docentes alemanes y por lo tanto no se enseñan a aquellos que más se beneficiarían de dicho conocimiento, es decir, estudiantes extranjeros del alemán. Esto no significa que los profesores de alemán no saben cuándo corresponde asignar *der*, *die* o *das* a un sustantivo –obviamente lo saben–; es solamente que no les han enseñado los principios que determinan el género. Este es un tema muy diferente. Eso es como saber la historia de las palabras; pocos de nosotros la conocen. Nosotros solo sabemos cómo escribir esas palabras y cómo pronunciarlas y eso es todo lo que alguna vez necesitaremos conocer. Es igual para los nativos que desarrollaron el alemán como lengua materna: ellos desconocen el porqué del género, por eso no nos lo pueden explicar. Su mensaje es el siguiente: "No preguntes *porqué*, solo tienes que memorizarlo."

Esto nos conduce a la segunda razón de porqué es tan difícil para los estudiantes extranjeros dominar el género en alemán. Si a ellos no se les enseñan los principios que determinan el género de los sustantivos en los libros de gramática, entonces los estudiantes necesitan adquirir estos conocimientos de alguna otra manera. Esta es la misma forma por la cual los niños alemanes aprenden: básicamente a través de la inmersión. ¡Ello es tan fácil! A la edad de dos años, los niños alemanes ya pueden realizar una distinción entre el género de los sustantivos, preferentemente utilizando el artículo indefinido (*ein*/*eine*) antes que el artículo definido (*der*, *die*, *das*).[7] A la edad de cinco años ya poseen un buen dominio del género, pero tratan de evitar o directamente optan por suprimir el artículo definido en los casos que no saben cuál utilizar. A la edad de siete años, en evaluaciones realizadas utilizando sustantivos falsos para observar su reacción, los niños alemanes tienen la tendencia a colocar el mismo género a dichas palabras falsas que el que asignan los adultos cuando se les toman esas pruebas.[8-9] Cuando llegan a los diez años los niños alemanes ya dominan esencialmente el género en el idioma alemán.

El cerebro "alemán" por lo tanto está programado para asignarle un género al sustantivo, cuyo fundamento está asentado en años de exposición al idioma. Ellos no saben porqué su cerebro se aviene a colocar un género determinado a palabras falsas, que es el mismo género que la mayoría de los adultos también seleccionarían; ellos simplemente lo hacen. No pueden explicar qué es lo que determina el género, ellos sólo lo saben.

Este libro lo familiariza a usted, el estudiante extranjero de alemán, con el qué, el porqué y el cómo del género, es decir con el "codificador" por el cual el cerebro alemán selecciona el género a palabras aún inexistentes. La manera de abordar que utilizamos es la de la ingeniería inversa. Si usted sabe lo que determina el género en los sustantivos en alemán, entonces usted tiene una mayor probabilidad de identificar el género correcto de un sustantivo nuevo o desconocido. Usted queda advertido, sin embargo, de que ésta definitivamente no es la forma por la cual los alemanes aprenden el género de los sustantivos: ellos nunca han tenido que conocer el "codificador" que determina porqué una niña, *Mädchen*, no es un sustantivo femenino. Esto no es lo que a los alemanes de lengua materna les han enseñado en su casa o en los libros de gramática en la escuela. Pero, como usted no ha estado expuesto al idioma alemán igual que un niño alemán y dado que usted ahora no desea memorizar libremente el género de cada sustantivo del diccionario, lo mejor es que le demos una mirada a este "decodificador". Sus dos principios más importantes son que el género alemán ha sido formado por *categorías y sonidos*.

Regla 1: Las Categorías

Los sustantivos correspondientes a las mismas *categorías de cosas* tienden a tener el mismo género. Así, los colores y los nombres de medicamentos y químicos tienden a ser neutros, los números y los nombres de flores y frutas tienden a ser femeninos, y las estaciones, días y meses son masculinos. Sabiendo, por ejemplo, que casi la mayoría de las bebidas son masculinas, usted tiene la clave para desbloquear el género de un capuchino, un té de roiboos, un vino merlot y un jugo de manzanas.[10]

Dada la importancia de las categorías para determinar el género, cuando se inventan cosas nuevas, los sustantivos nuevos tienden a llevar el género de las palabras con significado similar. Por ejemplo, cuando se inventó el teléfono portátil, se convirtió en *das Handy* porque pertenecía a la misma categoría que *das Telefon*. Las Categorías son una inmensa y relevante identificadora de género. Tan es así, que hasta se pueden identificar ciertos atributos que son únicos a cada género.

El género neutro tiende a ser la categoría para muchos de la mayoría de los elementos fundamentales de la naturaleza (átomos, moléculas, electrones y la vida misma, *das Leben*). No es sorprendente por ello que el neutro incluya casi todos los elementos de la tabla periódica. El neutro es asociado a la física como se revela en magnitudes físicas medibles: *das Ampere*, *das Ohm*, *das Watt*, *das Volt*, *das Newton*, *das Celsius*, *das Fahrenheit*, *das Kelvin*, *das Kilogramm.*

Neutro es asimismo el género para altos niveles de clasificación de conceptos físicos, como "el universo" o "el animal". Un sustantivo neutro normalmente se posiciona en lo alto de la pirámide de los sujetos en cuestión, como en *das Tier*, que es seguido por los sustantivos individuales de cada miembro del reino animal. Es como si primero hubiera venido el neutro y luego el resto de las cosas.

Otra manera de pensar sobre esto es en términos de los diagramas de Venn: aquellos círculos que aprendimos en la escuela. Si aplicáramos diagramas de Venn al género alemán, neutro sería típicamente el círculo exterior, el cual contiene a todo lo demás.

Cómo se puede observar en el Gráfico Nr. 1, mientras el género neutro típicamente representa el círculo más amplio de su categoría, los subcomponentes del interior pueden consistir en diferentes cosas, cada uno con su género correspondiente incluyendo nuevamente al neutro.

El género neutro posee también otras características. Tiene un rol poderoso sobre todos los sustantivos y es el género por defecto para los diminutivos. Por ejemplo, cuando Juan se convierte en Juancito, esto lo convertiría en neutro en alemán: *das Hänschen*, *das Büblein*. Por esa misma razón que *das Mädchen*, la niñita, es de género neutro.

Gráfico Nr. 1: Visualisación de cómo el neutro es el género de la mayoría de la colección de objetos

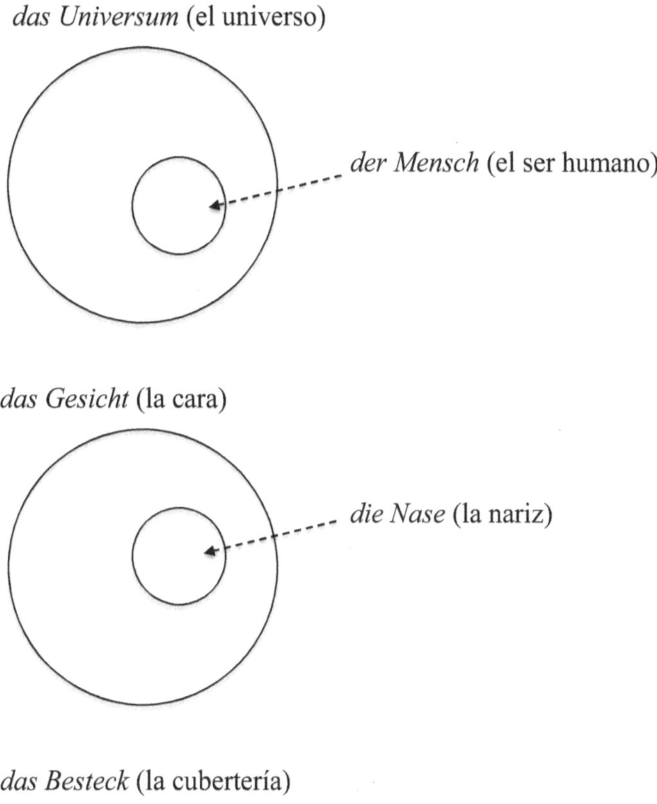

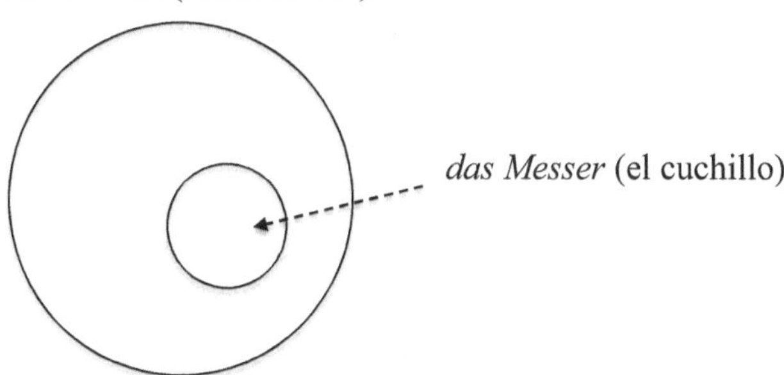

La capacidad del neutro para armonizar el género de los sustantivos es también observable en su poder sobre muchos de los sustantivos extranjeros importados al alemán. Conociendo ésto uno puede descifrar el género de *Jogging*, *Tennis*, *Poker* y *Croissant*: todos son *das*.

Cuando el género de una palabra extranjera importada no es neutro, es porque con frecuencia existe ya un sinónimo en alemán con otro género. Las Categorías son para simplificar y poder colocar la palabra importada en una categoría ya existente.

El neutro también posee la calidad única de que es el género de último recurso: por defecto u omisión de "este", "esto", "eso", aquello que no se necesita especificar. Por ejemplo, usted puede decir: "Was ist denn *das*"? o "*es* hat mich gefreut" !, hasta cuando se refiere a alguna cosa, persona o situación de cualquier género ya que este esquiva específicamente a lo que usted se refiere, mismo si ya está implícito. Pero en el instante en el que usted especifica el sustantivo, el esquivo neutro se convierte en un instrumento filoso y usted tiene que ubicar el sustantivo con su género correspondiente.

Pasemos ahora a las características de los sustantivos femeninos y masculinos. Ellos son diferentes.

Femenino es el género de *casi la mitad* de los sustantivos en alemán.[11] Debido a esta alta proporción, podemos decir que estadísticamente los sustantivos en alemán son de género femenino u otra cosa: el treinta por ciento son de género masculino y alrededor del veinte por ciento son de género neutro. De hecho, el femenino es tan dominante como género de sustantivos que, cuando los niños de cinco años alemanes cometen errores seleccionando el género de un sustantivo, tienden a sobre utilizar *die*: en una clara señal de que ellos lo escuchan más seguido que *der* y *das*.[12]

Si el neutro tiene una conexión fuerte con el mundo de la física, el género femenino tiende más a la abstracción. Femenino es el género de los números, de la matemática, de algunas formas geométricas, de algunos comportamientos, de la lógica, del amor e incluso de la magia. La conexión con los números le otorga al género femenino el poder de transformar los sustantivos singulares en conceptos plurales, es la razón por la cual *die Mannschaft* es singular y femenino, aunque se refiera a un equipo masculino.

Lo que diferencia precisamente a los sustantivos por su género ha intrigado a quienes buscan respuestas. Cuando a finales del 1800 los lingüistas alemanes comenzaron a publicar investigaciones sobre las distinciones entre sustantivos femeninos y masculinos, inevitablemente se remontaron a la evidencia más histórica que pudieron encontrar: un análisis del género de los sustantivos en griego y en latín.[13] Igual que en alemán, esos idiomas antiguos también poseen tres géneros, los cuales produjeron un impacto en el alemán.

¿Porqué, por ejemplo, la palabra en alemán para caza, *Jagd*, es femenina? En la época en la cual se vivía en cuevas, ¿no era acaso la caza el trabajo de la especie masculina? Incluso en tiempos modernos, ¿no es esta una actividad estereotipadamente masculina?

Buscando posibles respuestas en la Antigua Grecia y en los tiempos de los Romanos, los lingüistas encontraron algunos patrones raros. ¿Era solo una coincidencia que ambos, griegos y romanos, tuvieran una diosa (femenina) de la caza, Artemis y Diana? Aunque la caza fuera el oficio del hombre, un hombre podía regresar a su familia con las manos vacías. Uno, por lo tanto, tenía que respetar a la diosa de la caza ella supervisaba *die Jagd*. Ella estaba allí en lo salvaje (*die Wildnis*), durante la búsqueda (*die Suche*) por la alimentación (*die Nahrung, die Speise, die Kost*). Ella colaboraba cuando caía la oscuridad (*die Finsternis*), y cuando debía realizar una rápida huida (*die Flucht*) del peligro (*die Gefahr*). Al parecer, debido a todo ese poder (*die Macht*), lo relativo a la caza ¡debía ser femenino!

Posiblemente y de una manera similar, las generaciones anteriores no han querido bromear con los dioses masculinos de la guerra, del vino, de la salud, del sueño, del viento y de la muerte: *der Krieg, der Wein, der Reichtum, der Schlaf, der Traum, der Himmel, der Ozean, der Wind, der Tod.* Por la misma razón, era más seguro reconocer a las diosas femeninas del amor, de la belleza, de la sabiduría, de la justicia, de la fuerza, de la noche, de la magia, del arte, de la ciencia, de la poesía, de la música, de la tragedia, de los himnos, de la comedia y de la astronomía: *die Liebe, die Schönheit, die Weisheit, die Gerechtigkeit, die Gewalt, die Nacht, die Magie, die Kunst, die Wissenschaft, die Poesie, die Musik, die Tragödie, die Hymne, die Komödie, die Sternkunde.*

Por supuesto, las tribus alemanas han tenido también experiencias diferenciadoras. A pesar de que los griegos y los romanos tenían un dios sol masculino y la palabra "sol" aún permanece masculina hoy en día en griego, italiano, francés, español y portugués, los alemanes han optado por un sustantivo femenino: *die Sonne.* ¿Habrá sido por la diosa del sol germánica Sunna, cuyo hermano es la luna, *der Mond*?

La sabiduría es un sustantivo femenino en ambos griego y latín. El sustantivo griego para sabiduría es "sophia", y el amor a Sofía, la filosofía, es femenino en ambos griego y alemán. Quizás no nos sorprende por ello que conocimiento y sabiduría pertenezcan a la categoría femenina también en alemán: *die Art, die Besonnenheit, die Bildung, die Einsicht, die Gerechtigkeit, die Intelligenz, die Justiz, die Kenntnis, die Klugheit, die Kunst, die Methode, die Methodik, die Philosophie, die Ratio, die Sorgfalt, die Technik, die Technologie, die Umsicht, die Vorausschau, die Voraussicht, die Vorsicht, die Vernunft, die Weise, die Weisheit, die Weitsicht.*

Estudios posteriores relacionados a las diferencias que existen entre las características femeninas y masculinas en alemán revelan que los sustantivos abstractos femeninos tienden a referirse a aspectos más sumisos mientras que los sustantivos abstractos masculinos representan conceptos más agresivos.[14]

El coraje (*der Mut*), el desdén (*der Hochmut*), el optimismo (*der Übermut*) y el error (*der Irrtum*) son masculinos. Por el contrario, los sustantivos que uno podría asociar con La Cenicienta son femeninos: la humildad (*die Demut*), la paciencia (*die Geduld*), la bondad (*die Gutherzigkeit*) y la pobreza (*die Armut*). La pobreza puede desencadenar mucha preocupación: *die Angst, die Sorge, die Besorgnis.* Pero no olvidemos los sustantivos de las hermanastras de Cenicienta: el celo (*die Eifersucht*), la fealdad (*die Hässlichkeit*), el abuso (*die Misshandlung*), la crueldad (*die Grausamkeit*) y la maldad (*die Gemeinheit*).

El género femenino es donde el verdadero poder reside: *die Kraft*, *die Macht*, *die Leistung*, *die Energie*, *die Stärke*, *die Festigkeit*, *die Belastbarkeit*, *die Gewalt*, *die Befugnis*, *die Wucht*, *die Potenz*, *die Mächtigkeit*, *die Herrschaft*, *die Vollmacht* (poder notarial), *die Behörde*, *die Autorität*, *die Regierung*, *die Kontrolle* (la supervisión), *die Steuerung* (la dirección).

En contraste, el poder masculino parece manifestarse más físicamente. En el mundo animal, los animales de grandes dimensiones tienden a ser masculinos: *der Dinosaurier*, *der Elefant*, *der Gorilla*, *der Orang-Utan*; en cambio los de menor tamaño y ferocidad (*die Maus*) o los animales más elegantes (*die Giraffe*) tienden a ser de género femenino. Esto es una indicación de que el género es también un reflejo del tamaño y de la forma. Formas elongadas tienden a ser de género masculino, como flechas (*der Pfeil*), postes (*der Pfahl*), pilares y columnas (*der Pfeiler*), mástiles (*der Mast*), bastones (*der Stock*), varas y barras, (*der Stab*), troncos (*der Stamm*) y ramas (*der Stiel*).

Opuestamente, las superficies planas tienden a ser de género femenino: paredes, puertas, techos, pizarras, planos – *die Fläche, die Ebene, die Wand, die Mauer, die Tafel, die Decke, die Tür, die Seite, die Flanke, die Platte.* También los objetos huecos: cajas, latas, envases, cuevas, valles, pipas, tubos – *die Büchse, die Box, die Dose, die Höhle, die Schachtel, die Trommel, die Tube, die Röhre*; las formas filosas: agujas, tenedores, tenazas, tijeras, ganchos, *die Nadel, die Gabel, die Zange, die Schere, die Klaue, die Kralle, die Pratze* tienden a ser de género femenino.

Como si la herencia se dividiera entre los hijos y las hijas, los chicos se quedan con una buena parte del cielo: el cielo/el paraíso, los planetas, la luna, las estrellas y por el contrario las chicas se quedan con el sol, la tierra y el planeta Venus.

Cuando un sustantivo en alemán se encuentra a punto de pertenecer a una determinada categoría, pero no lo es, entonces uno debería pensar en la posibilidad de que dicha categoría podría estar estructurada como un continuo o una jerarquía. Tomemos como ejemplo el tiempo; los períodos de intervalos cortos son de género femenino: *die Zeit, die Uhr, die Stunde, die Minute, die Sekunde*; los períodos más largos son neutros: *das Jahr, das Jahrzehnt* (la década), *das Jahrhundert* (el siglo), *das Jahrtausend* (el milenio), y los períodos medianos son masculinos: *der Tag, der Monat.* Cuando un sustantivo aún parece no pertenecer a ninguna categoría, como es el caso de *die Woche, die Dekade, die Epoche*, entonces necesitamos utilizar otra clave para descubrir el misterio: *los sonidos.*

Regla 2: Los Sonidos

Los sustantivos que comienzan con ciertas letras terminan en ciertas letras o poseen un sonido nasal o vocal, tienden a tener el mismo género. Esto es una continuación del concepto de categorías: elementos similares se ubican en el mismo género.

Toda esta categorización solo sirve para un único propósito: facilitar la comunicación entre aquellos integrantes de la misma tribu. Se trata de la claridad y de la supervivencia. Cuando en una cocina iluminada por velas en la edad Medieval usted le pide a alguien que le pase la cuchara, usted no querrá que le den el cuchillo.

El empleo correcto del género le va a asegurar a usted una comunicación precisa. Por lo tanto, no sería sorprendente que algunos sustantivos con ciertos sonidos tiendan a estar asociados con un género en particular. Los sustantivos que finalizan en *-e* son femeninos un 90 por ciento de las veces, aquellos que terminan en *-ie* son femeninos en un 95 por ciento de las veces, sustantivos finalizados en *-ur* son femeninos en un 93 por ciento, en *-ucht* son femeninos en un 64 por ciento, los finalizados en *-ich* son masculinos en un 81 por ciento, en *-ett* son neutros en un 95 por ciento y aquellos que terminan en *-ier* son neutros en un 60 por ciento de las veces.[15]

Tratemos de aplicarlo. Si usted tiene que intentar identificar el género de *Spur* (el carril de una avenida), sabiendo ya que los sustantivos terminados en *-ur* son femeninos en un 93 por ciento de los casos, obtenemos esencialmente la respuesta correcta. Si usted quiere intentar igualmente ir a un nivel superior puede dirigirse a la Regla 1 (de las categorías) a ver si obtiene más ayuda. ¿Cuáles serían los sustantivos que tienen un significado semejante al de carril? *Die Strasse*, *die Allee*, *die Route*, *die Bahn*, *die Autobahn*, *die Piste*, *die Schiene*, *die Strecke*. Lo expuesto parece aún más claro. Esta lista de femeninos prevalece a los dos sinónimos masculinos: *der Weg*, *der Pfad*; usted por lo tanto tiene una gran probabilidad de haber acertado si optó por *die Spur*.

Gracias al trabajo de lingüistas de la edad de la computadora,[16] sabemos más ahora sobre las asociaciones entre los sustantivos y sus géneros. Cuantas más consonantes están al comienzo o al final de un sustantivo, mayor probabilidad de que este sea masculino, especialmente si dicho sustantivo es monosílabo. La probabilidad de que los sustantivos de una sílaba, que comienzan y finalizan con una consonante sean masculinos es de un 83 por ciento: *Schlaf*, *Sand*, *Zwerg*, *Knall*, *Drall*, *Schlamm*. Piense usted en los varones adolescentes respondiéndole con un monosílabo y usted sabrá que esas respuestas cortas son típicamente masculinas.

También existen terminaciones que tendencialmente comparten dos géneros, lo cual le da al estudiante la probabilidad de un cincuenta por ciento de estar en lo correcto. Dicho cincuenta por ciento puede incrementarse más todavía si miramos las pistas que nos facilita la Regla 1 (Las Categorías). Por ejemplo, los sustantivos que finalizan en *-nis* son femeninos o neutros. Sabiendo pues que neutro es más probable que sea el género de los objetos inanimados y femenino el género de lo más abstracto, esto ayudaría a estudiantes de la lengua a adivinar el género de los sustantivos: *Gefängnis* (prisión, objeto inanimado) y *Bedrängnis* (aflicción, objeto abstracto). Asumiendo que sea probablemente *das Gefängnis* se podría entonces impulsar el conocimiento de que los sustantivos que comienzan con *Ge-* tienden a ser neutros. Aquí vemos la interacción de varias señales que ayudan a uno a descubrir el género correcto. El sustantivo comienza con *Ge-* (una fuerte señal de que es neutro) y finaliza con *-nis* (una señal que bien podría ser neutro si fuera un objeto inanimado). Utilizando este mismo principio, reconociendo que un sustantivo que termina en *-nis* es tendencialmente femenino cuando representa un concepto abstracto, no estaríamos equivocados si optamos por *die Bedrängnis* (la angustia).

Tomemos otro ejemplo de la categoría *-nis*: usted tiene que descubrir el género de *Kenntnis* (el conocimiento) y de *Zeugnis* (el testimonio/el testigo). El primero es abstracto y el último algo más concreto, típicamente una hoja de papel; es muy probable que sean *die Kenntnis* y *das Zeugnis*. Seguramente estas distinciones no nos serán obvias, pero lo más atento que uno esté al "código" que le es asignado a la construcción del género gramatical en alemán, lo más práctico que nos resultará cada vez que nos encontremos con sustantivos nuevos que encuadren dentro de los patrones que uno conoce o reconoce. Simplemente el estar atento a este "código" es valioso, por la razón de que usted continuará buscando la evidencia. Asimismo, cuando usted se encuentre con un sustantivo que no encaje en un patrón ya existente usted tendrá la confianza de seguir buscando la solución, porque usted ya sabe ahora que la asignación del género no es tan arbitraria como le han enseñado a Twain.

Probemos otro ejemplo. Usted tiene que descubrir el género de tres sustantivos, y a usted se le dice que cada uno tiene diferente género: *Gier* (la avaricia), *Atelier* (el taller), *Stier* (el toro). En este caso, la Regla 2 no es de mucha ayuda porque los tres tienen la misma terminación. Usted pruebe de ver si dentro de la Regla 1 encuentra más pistas: femenino para lo más abstracto, neutro para lo inanimado, y masculino para los objetos vivos. Usted no se equivocará: *die Gier*, *das Atelier*, *der Stier*.

Mientras usted se vuelve más atento a la conexión entre los sustantivos en alemán y sus categorías, usted descubrirá categorías que se superponen y posibilidades adicionales que le ayudarán a descubrir el género correspondiente. Piense en los diagramas de Venn referidos anteriormente.

Por ejemplo, *Atelier* es una palabra de origen francés y palabras extranjeras importadas al alemán tienden a ser neutras, por lo tanto es muy probable que sea: *das Atelier*. Podría ser que *Atelier* se encuentre en la misma categoría de las cosas que pertenecen a *das Haus*, *das Zimmer*, *das Studio*, *das Gebäude*, *das Geschäft*, lo que aumentaría la probabilidad de que sea *das Atelier*.[17] Cuanto más piense usted el idioma alemán en términos de categorías, lo más probable es que usted emplee el género de manera correcta.

Gráfico Nr. 2: La manera por la cual las categorías del género se superponen y nos brindan pistas para el género de los sustantivos

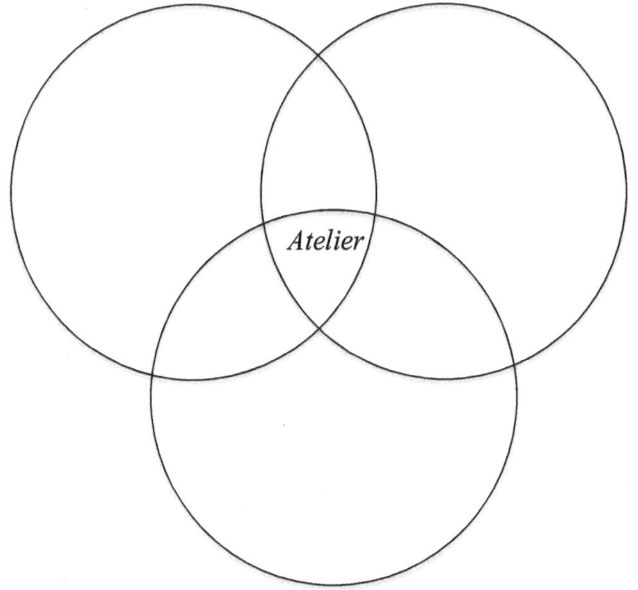

Categoría Z: los sustantivos que terminan en *-ier* tienden a ser neutros si se refieren a objetos inanimados

La Regla 1 y la Regla 2 a veces trabajan en perfecta armonía entre ellas, y entonces usted tiene una confirmación doble de que su conjetura es la correcta. Pero también existen enfrentamientos entre estas reglas que usted debe conocer. La Regla 1 (categorías) tiende a ser más poderosa que la Regla 2 (sonidos). Así la categoría de los "ríos en Europa central" tiende a ser de género femenino, (*die Donau*) y los "ríos fuera de Europa central" tienden a ser masculinos (*der Nil*), sin importar el sonido al cual se asocie a dichos nombres. Pero además existen casos donde un sonido particular (Regla 2) está fuertemente asociado a un género particular, éste dominando siempre por encima de la Regla 1. Por ejemplo, la terminación *-erei* es casi siempre femenina, no importando lo que la categoría le indique como género de un sustantivo en particular. Esta es finalmente una fuerte señal para aquellos sustantivos en los cuales la Regla 2 tiene predominio. Tomemos un ejemplo en el cual la Regla 2 (sonidos) vence a la Regla 1 (categorías). Ya sabemos que cuantas más consonantes posee un sustantivo al comienzo y al final lo más probable es que este sea masculino. Este es el caso de *Pfirsich* (el melocotón). Mientras la categoría "frutas" es abrumadoramente femenina, este sustantivo en particular contiene demasiadas consonantes para estar asociado al club femenino: es *der Pfirsich*. La Regla 2 vence.

Cuando una terminación no parece ajustarse a ninguna regla, otros factores podrían estar en juego. Por ejemplo, podría ser que el sustantivo sea una abreviación, ya que las abreviaciones y los acrónimos toman el género de la palabra completa correspondiente: así, *die Lokomotive*, con terminación femenina -*e*, se abrevia como *die Lok*, el cual no posee la terminación -*e* del género femenino, y podría fácilmente confundirlo si usted se cruza con esta palabra por primera vez.

Algunas de las excepciones parecen no tener ninguna rima moderna o razón para ello, es por eso que un cuchillo, un tenedor y una cuchara –los elementos más básicos e importantes de los utensilios en una cocina– deben tener en alemán un género diferente.

Comencemos con el cuchillo: metales y armas tienden a ser de género neutro. Una espada (*das Schwert*), que no deja de ser una cuchilla larga de metal utilizada para cortar, es de género neutro. ¿Nos sorprendería acaso que *das Messer*, una simple hoja de metal utilizada para cortar sea por lo tanto de género neutro? Uno resuelto, dos todavía por resolver: el tenedor. Ésta es una manera de comer que definitivamente le correspondería más a una dama. Maria Antonieta no se sacaba los guantes cuando utilizaba un tenedor para comer. La palabra en alemán para tenedor es *Gabel*, que en diferentes momentos utilizaba ambas terminaciones típicas del género femenino: *-a* y *-e*. Por supuesto esto no lo sabe hoy en día una persona ordinaria. Pero el punto es que el género de los sustantivos no es un fenómeno totalmente arbitrario. Cada palabra tiene una historia o un contexto. La palabra *Gabel* está también relacionada con la categoría como *die Forke* (el rastrillo). Hay también otra relevante categoría de superposición: "las formas filosas" tienden a ser femeninas como en *die Nadel* (la aguja).[18] Entonces con tan extenso linaje, no es irrazonable que el tenedor sea femenino: *die Gabel.*

Esto nos deja aún con la cuchara. Si utilizar el tenedor es comer como una dama, entonces sorber con una cuchara debe serlo menos. La cuchara tiene asociaciones más ásperas, y es de género masculino: *der Löffel.*

Ahora que usted conoce el pasado de sus géneros, la asociación se le podría pegar: *das Messer*, *die Gabel*, *der Löffel.* Aunque usted se acuerde solamente de una de estas tres historias usted habrá alcanzado el ciento por ciento de probabilidad de recordar el género correcto de un utensilio del cual usted recuerda la historia.

Esto nos deja todavía la pregunta clave ¿porqué? ¿Cuál es el propósito de los tres géneros? ¿Porqué no ir solo por uno? Si el idioma inglés se las arregla solo con "the",[i] ¿porqué el alemán necesita tantos?

La suposición general es que para que algo sobreviva por tantos siglos, debe poseer un valor. El rol clave del género en alemán tiene que ver con la precisión. Cualquiera· que haya intentado alguna vez realizar traducciones serias del inglés al alemán sabrá que el alemán, la lengua de Einstein, tiende a ser más precisa que el inglés. Traducir la palabra "it" del inglés al alemán requeriría de inmediato que el escritor alemán precise si se está refiriendo a "er", "sie", "es", "ihn", "ihm", "ihr", "der", "die" or "das". Un mayor grado de precisión es posiblemente aún más importante en alemán que en inglés porque las oraciones en alemán tienden a ser más largas que en inglés (alrededor de un veinte por ciento más largas) y las oraciones en alemán tienden a llevar el verbo al final de la oración, lejos del sujeto. Para evitar confusiones sobre quién hizo qué a quién, con qué y cuándo, se necesitan más precisiones identificadoras cuando las oraciones son más largas y el verbo está separado del sujeto por muchas otras palabras. Esto sugiere fuertemente que los alemanes no tienen pensado abandonar el género en un próximo futuro.

¿Cómo se debe utilizar esta guía? Usted podría desear leer toda la guía, como un libro, y luego volver a la sección específica para reforzar lo que para usted tiene relevancia. Mientras más atento esté a la Regla 1 y a la Regla 2, mejor le ayudarán a descubrir el género de una categoría entera de sustantivos y de este modo aumentará su confianza para hablar el alemán.

Asimismo el índice al final sirve como base para evaluarse. Cada término podría ser utilizado como una pregunta: "¿Qué es lo que este término representa?". Recuerde, usted está tratando con probabilidades. Cuanto más combine su conocimiento de las Reglas 1 y 2, más se incrementa la probabilidad de que usted descubra el género correcto.

---

[i] Nota de la Traducción: y el español con solo "el" o "ella".

El valor clave de este libro es ilustrar los patrones que conectan sustantivos a su género en particular. Por lo tanto, usted querrá apuntar más sustantivos que se ajusten a un determinado patrón. Es muy probable que usted descubra nuevas categorías y nuevas interconexiones que son relevantes para el vocabulario que usted requiere en su campo de experiencia. Se espera lograr aún más descubrimientos.

Dado todo lo que usted probablemente ya ha invertido en su alemán para llegar a este punto, ahora usted va a disfrutar de la aventura de descubrir el género mediante la ingeniería inversa. De todas formas, aquí va una palabra de advertencia. Desde el punto de vista de los alemanes nativos, a menos que sean profesores de lingüística alemana con una especialización en el tema esotérico del género gramatical, será muy improbable que ellos compartan su excitación al encontrar usted las claves para determinar un género determinado. Para ellos, el género es pan comido; una cosa fácil. Como además a ellos nadie les ha enseñado las herramientas de la ingeniería inversa del género, se comportarán de manera escéptica con el hecho de que usted esté aprendiendo "reglas" que ellos nunca han escuchado hablar. Como usted se volverá más experto en esto y querrá hablar de ello, ellos se reirán un poco pero pronto se cansarán de usted intentando aleccionarlos sobre los principios que gobiernan el género de su propia lengua. Para ellos no tiene sentido: ellos lo pueden hacer sin tener siquiera que ponerse a pensar. Ellos no saben el porqué, solo el cómo. Usted está aprendiendo el porqué para entonces conocer el cómo.

Para aumentar su motivación comparta entonces la excitación con personas estudiantes que estén luchando, igual que usted, para dominar el género en el idioma alemán.

Der: las reglas de los sustantivos de género masculino

Regla 1: Las Categorías

- **Muchos tipos de animales** (especialmente si son más grandes, más temerosos, más feos o más poderosos, o aparecen como los villanos en las fábulas)**:** der Adler, der Alligator, der Bär, der Biber, der Blauwal, der Büffel, der Delphin, der Dinosaurier, der Elefant, der Esel, der Fisch, der Fuchs, der Gorilla, der Hahn, der Hummer, der Hund, der Löwe, der Maulwurf, der Orang-Utan, der Stier, der Tiger, der Vogel, der Wal, der Wolf. Si los animales son más pequeños y menos poderosos, podrían ser también identificados como de género masculino si terminaran en *-er* como *der Hamster*, *der Käfer*

- **Momentos del día:** der Morgen, der Abend, der Mittag (pero no *die Nacht*, porque sustantivos terminados en *-acht* tienden a ser de género femenino)

- **Días de la semana:** der Tag, der Montag, der Dienstag, der Mittwoch, der Donnerstag, etc.

- **Meses:** der Monat, der Januar, der Februar, der März, etc.

- **Estaciones:** der Frühling, der Sommer, der Herbst, der Winter

- **Puntos cardinales, brújula:** der Norden, der Süden, der Osten, der Westen, der Nordosten, der Pol, der Nordpol, der Südpol, der Gegenpol, der Kompass

- **Precipitaciones y viento:** der Tropfen, der Regen, der Nebel, der Schnee, der Hagel, der Sturm, der Blitz, der Donner, der Wind, der Tornado, der Hurrikan, der Föhn, der Passat (Excepciones: *die Böe*, *die Brise*, *die Bise* – porque terminan en una vocal asociada a sustantivos de género femenino)

- **Cuerpos celestiales:** der Asteroid, der Jupiter, der Himmel, der Komet, der Mars, der Merkur, der Mond, der Neptun, der Planet, der Quasar, der Pluto, der Pulsar, der Satellit, der Saturn, der Stern; Venus es al mismo tiempo la diosa romana del amor y el nombre del planeta, por eso femenino, y *die Sonne* y *die Erde* ambos terminan en la poderosa -*e*, típicamente asociada a sustantivos de género femenino

- **Tipos de suelo, minerales y rocas:** der Boden, der Stein, der Fels, der Granit, der Diamant, der Quarz, der Sand, der Smaragd (esmeralda). Excepción: *die Kreide* (tiza, con la terminación del género femenino -*e*)

- **Suciedad y basura:** der Abfall, der Dreck, der Dung, der Kehricht der Plunder, der Mist, der Müll, der Schmuddel, der Staub, der Schmutz, der Urin

- **Nombres de muchos ríos fuera de Europa central:** der Amazonas, der Mississippi, der Nil (excepcionalmente también *der Rhein*, *der Main*)

- **Cursos de agua interiores:** der Bach (el arroyo), der Fluss (por el cual obtenemos otros sustantivos masculinos asociados: der Abfluss, der Ausfluss, der Einfluss), der Kanal (el canal), der See (el lago), der Teich (la laguna), der Damm (la represa), der Pool/der Swimmingpool[19]

- **Nombres de montañas:** der Berg, der Gipfel, der Hügel, der Mount Everest, der Mont Blanc, der Kilimanjaro, (también en el caso de *der Himalaja/der Himalaya*, aún cuando *-a* tiende a ser una terminación femenina)

- **Formas elongadas:**

  - der Arm (el brazo)
  - der Ast (la rama)
  - der Baumstamm (el tronco del árbol)
  - der Draht (el alambre)
  - der Golfschläger (el palo de golf)
  - der Hals/der Nacken (el cuello)
  - der Mast (el mástil)
  - der Pfahl (la estaca)
  - der Pfeiler (la columna)
  - der Pfosten (el poste)
  - der Schenkel (el muslo)
  - der Stab (la varilla, la barra)
  - der Stecken (el palo)
  - der Stiel (el tallo)
  - der Stift (el lápiz)
  - der Stock (el bastón)
  - der Turm (la torre)

- **Paños textiles:** der Filz (fieltro), der Lappen (el trapo), der Stoff, der Taft (la tafeta)

- **Tipos de peces:** der Fisch, der Aal (la anguila), der Lachs (el salmón), der Kabeljau (el bacalao), der Haifisch (el tiburón), der Barsch (el róbalo), der Thunfisch (el atún). Excepciones: típicamente cuando el nombre del pescado finaliza en *-e*: *die Forelle* (la trucha), *die Seezunge* (el lenguado)

- **Plantas:** Con la excepción de árboles, flores y frutas (que tienden a ser femeninos, especialmente si terminan en *-e*), plantas, vegetales, ensaladas y especias tienden a ser de género masculino si no finalizan en *-e*: der Bambus (el bambú), der Brokkoli, der Blumenkohl (la coliflor), der Fenchel, der Rosenkohl (coles de Bruselas), der Pfeffer (la pimienta), der Hanf (el cannabis), der Lauch (el puerro), der Pilz (el hongo), der Meerrettich (el rábano), der Ingwer (el jengibre), der Senf (la mostaza), der Oregano, der Schnittlauch, der Dill, der Thymian, der Estragon, der Rosmarin, der Koriander, der Salat, der Reis, der Mais

- **Jugos de frutas:** der Saft, der Apfelsaft, der Orangensaft, der Zitronensaft

- **Café, té y torta:** der Tee (→ der Rooibos), der Kaffee (→ der Espresso, der Cappuccino), der Kuchen

- **Nombres de bebidas alcohólicas:** der Alkohol, der Champagner, der Cognac, der Likör, der Ouzo, der Prosecco, der Rum, der Schnaps, der Sekt, der Wein, der Whiskey, der Wodka (excepto: *das Bier*[20])

  Subcategorías toman el mismo género que la categoría principal:

  - der Wein → der Merlot, der Spätburgunder
  - der Cocktail → der Mojito, der Cosmopolitan
  - das Bier → das Pils (un tipo de cerveza)

- **Equipos/instrumentos/herramientas** (especialmente cuando estos sustantivos terminan en *-er* o *-or*):

  - der Atomreaktor
  - der Computer
  - der Cursor

- der Detektor
- der Fernseher
- der Generator
- der Katalysator
- der Kondensator
- der Kugelschreiber
- der Monitor
- der Motor
- der Projektor
- der Prozessor
- der Radiator
- der Sensor
- der Simulator
- der Stabilisator
- der Taschenrechner
- der Toaster
- der Traktor
- der Ventilator

Algunos sustantivos que no son equipos y que finalizan en *-or*:

- der Chor (el coro)
- der Faktor
- der Horror
- der Humor
- der Indikator
- der Korridor
- der Sektor
- der Terror
- der Tresor
- der Tumor
- der Vektor

- **Nombres de marcas de autos:** der Audi, der BMW, der Mercedes, der Volkswagen tienden a ser masculinos. Pero cuando se describen los tipos de auto tiende a dominar la Regla 2 (sonidos). Por consiguiente, es que *das Cabriolet* (automóvil con techo removible), *das Coupé* (automóvil con techo fijo y dos puertas), son palabras de origen francés y los sustantivos importados al alemán tienden a ser de género neutro, pero *die Limousine* tiene la terminación femenina *-e*.

- **Nombres de trenes:** der Zug, der ICE, der TGV

- **Muchas monedas:** Der US-Dollar, der Euro, der Schweizer Franken, der südafrikanische Rand, der Renminbi, der chinesische Yuan, der japanische Yen, der Rubel, der Peso, der Cent, der Pfennig, der Rappen

  Excepciones: das britische Pfund (porque la moneda británica como medida de peso es de género neutro), die Lira, die Krone (porque terminan en *-a* y en *-e*), die Mark, die Deutschmark, die D-Mark (que durante la Edad Media poseía una terminación *-a* y *-e*)

- **Tipos de música:** der Blues, der Jazz, der Pop, der Rock, der Rap, der Reggae, der Schlager (pero aparentemente no así las variedades musicales más establecidas: *die Klassik*, *die Oper*)

- **Tipos de danza:** der Foxtrott, der Tango, der Bolero, der Flamenco, der Cha-Cha-Cha, der Mambo, der Rumba, der Samba,[21] der Walzer. Excepciones: *die Polka*, *das Menuett*

- **Sustantivos que denotan personas masculinas tienden a ser de género masculino:** esta debería ser la categoría más intuitiva, pero no es el caso en alemán. Mientras existe una conexión entre el "género natural" de la persona y el "género gramatical" del sustantivo en el caso de *der Mann*, *der Vater*, *der Sohn*, *der Bub*, *der Bruder*, *der Onkel*, etc., las formas en diminutivo cambian el género a neutro como en *das Bübchen* (el niño pequeño) o *das Männchen* (cuando se refiere a un hombrecito, más por piedad o como una caricatura). Hay además algunas instancias cuando, aunque nos refiramos a una persona de sexo masculino, el género del sustantivo no es necesariamente masculino, como es en el caso de *die Person* (la persona) o *die Geisel* (el rehén).

Regla 2: Los Sonidos

Los sustantivos de género masculino tienden a comenzar y a finalizar en una consonante, y cuantas más consonantes haya al comienzo y al final de cada sustantivo, lo más probable es que dicho sustantivo sea masculino.

Los sustantivos con los prefijos y los sufijos que se detallan abajo son típicamente de género masculino:

-aal: der Aal (pez: la anguila), der Saal – el salón/la sala y sus derivados: der Gerichtssaal (la sala del tribunal), der Speisesaal (la sala del comedor), der Wartesaal (la sala de espera)

-ag:

- der Airbag
- der Alltag
- der Anschlag
- der Antrag
- der Auftrag
- der Beitrag
- der Belag
- der Durchschlag
- der Ertrag
- der Gag (de la palabra inglesa "gag", la mordaza)[22]
- der Hag
- der Jetlag

- der Lag (del inglés "lag", el retraso)
- der Montag
- der Schlag
- der Tag
- der Verlag
- der Vertrag
- der Vorschlag

-all:

- der Abfall
- der Aufprall
- der Ball
- der Drall (la rotación, el giro)
- der Fall
- der Hall (el eco)
- der Knall
- der Krawall
- der Kristall
- der Schall
- der Vorfall
- der Zufall

Excepciones (neutro):

- das All (mismas categorías que *das Universum*)
- das Intervall (originalmente del latín *intervallum*, lo que lo haría neutro por ser importado)
- das Metall (los metales tienden a ser neutros)

Excepciones (femenino): *die Nachtigall* (muchos pájaros pequeños tienden a ser de género femenino, como es el caso del ruiseñor)

-am: der Gram (la angustia), der Kram, der Imam, der Islam, der Sesam (el sésamo), der Poetry-Slam, der Grand Slam

-an: los sustantivos que finalizan en *-an* tienden a ser de género masculino. La terminación *-an* es tan fuerte que invalida el principio por el cual son de género neutro las palabras importadas

- der Altan (un tipo de balcón)
- der Baldrian (la valeriana, té-droga)
- der Balkan (los Balcanes)
- der Blödian (el idiota)
- der Caravan (la caravana)
- der Dekan (el decano)
- der Diözesan (el miembro de la diócesis)
- der Diwan (el diván)
- der Dressman (el modelo masculino)
- der Elan (el anuncio)
- der Enzian (la genciana)
- der Fan
- der Fasan (el faisán)
- der Gentleman
- der Grobian (el rufián)
- der Grünspan (el verdeo)
- der Hooligan
- der Hurrikan (el huracán)
- der Iran, der Sudan, der Südsudan (algunos de los pocos países que son de género masculino, siendo la mayoría de género neutro)
- der Kaftan (el caftán)
- der Katamaran (el catamarán)
- der Klan (el clan)
- der Koran
- der Kran (la grúa)
- der Kumpan (el amigote)

- der Lebertran (el aceite de hígado de bacalao)
- der Leguan (la iguana)
- der Majoran (la mejorana – las especias tienden a ser masculino)
- der Median (la mediana)
- der Meridian (el meridiano)
- der Merlan (la pescadilla)
- der Orang-Utan (el orangután)
- der Orkan (el vendaval)
- der Ortolan (pájaro, el verderón)
- der Ozean (el océano)
- der Parmesan (el queso parmesano)
- der Pavian (el babuino)
- der Pelikan (el pelícano)
- der Plan (el plan)
- der Ramadan (el Ramadán)
- der Roman (la novela)
- der Safran (el azafrán, las especias tienden a ser masculinas)
- der Schlendrian (el que arrastra los pies, el ineficiente)
- der Schwan (el cisne)
- der Seitan (el seitán)
- der Slogan (el eslogan)
- der Sopran (el soprano)
- der Span (el lapso)
- der Steppenwaran (un tipo de lagartija)
- der Stuntman
- der Sultan
- der Talisman (el talismán)
- der Tarzan
- der Thymian (el tomillo – las especias tienden a ser masculino)
- der Titan (el titán)
- der Tran (aceite de ballena – aceite de tren)
- der Tukan (el tucán)

- der Turban (el turbante)
- der Ulan
- der Untertan (un sujeto, en una monarquía)
- der Van (tipo de vehículo)
- der Vatikan
- der Veteran (el veterano)
- der Vulkan (el volcán)
- der Yuan (la moneda china)

Nombres de género masculino que terminan en *-an*: (der) Adrian, (der) Christian, (der) Fabian, (der) Florian, (der) Ivan, (der) Jean, (der) Jonathan, (der) Julian, (der) Kian, (der) Kilian, (der) Marian, (der) Maximilian, (der) Sebastian, (der) Stefan/Stephan, (der) Tilman, (der) Tristan

Excepciones: los nombres de países tienden a ser de género neutro, ésto es también en los casos en que los nombres terminan en *-an*:[23] (das) Afghanistan, (das) Aserbaidschan, (das) Bhutan, (das) Japan, (das) Kasachstan, (das) Kirgistan, (das) Pakistan, (das) Tadschikistan, (das) Taiwan, (das) Turkmenistan, (das) Usbekistan

Otras excepciones que son de género neutro con terminación *-an*: los elementos de la Tabla Periódica, metales, gases, sustancias químicas y sus derivados:

- das Butan (el butano)
- das Filigran (la filigrana)
- das Heptan (el heptano)
- das Hexan (el hexano)
- das Mangan (el manganeso)
- das Marzipan (el mazapán)
- das Methan (el metano)
- das Nonan (el nonano)
- das Oktan (el octano)
- das Pentan (el gas pentano)

- das Porzellan (la porcelana)
- das Propan (el propano)
- das Titan (el titanio)
- das Tryptophan (el triptófano)
- das Uran (el uranio)
- das Zellophan (el celofán)

Otras tres excepciones de neutro: *das LAN* (Local Area Network), *das WLAN* (sigla de Wireless Local Area Network) *das Organ* (el órgano)

Una rara excepción de género femenino con la terminación *-an*: *die Membran* (la membrana)

-ang:

- der Anfang
- der Drang
- der Einklang
- der Empfang
- der Fang
- der Gang
- der Gesang[24]
- der Hang
- der Klang
- der Mustang
- der Rang
- der Slang
- der Strang (el hilo/la cuerda)
- der Tang (el alga marina)
- der Vorhang

-ant:

Personas masculinas o animales:

- der Demonstrant
- der Elefant
- der Lieferant

Excepciones: objetos inanimados o sustantivos importados del francés tienden a ser de género neutro: *das Croissant*, *das Deodorant*, *das Restaurant*

-ast:

- der Ballast (el lastre)
- der Chloroplast (el cloroplasto)
- der Damast (el damasco)
- der Enthusiast (el entusiasta)
- der Fahnenmast (el mástil de la bandera)
- der Fantast/Phantast (el soñador)
- der Gast (la visita)
- der Gymnasiast (el estudiante de bachillerato)
- der Knast (la prisión)
- der Kontrast (el contraste)
- der Mast (el mástil)
- der Morast (el pantano)
- der Palast (el palacio)
- der Seidelbast (la planta: el torvisco)
- der Toast[25] (la tostada)
- der Zytoblast (el citoblasto)

Las excepciones femeninas con *-ast* (el género femenino tiende a ser la categoría de los sustantivos más abstractos):

- die Altlast (el legado)

- die Beweislast (la carga de pruebas)
- die Hast (el odio)
- die Last (la carga)
- die Mast (el engorde)
- die Rast (la quietud)
- die Unrast (la inquietud)

-auch:

- der Bauch
- der Brauch
- der Gebrauch
- der Knoblauch
- der Lauch
- der Missbrauch
- der Rauch
- der Schlauch (la manguera)
- der Strauch (el arbusto)
- der Verbrauch

-aum:

- der Baum
- der Flaum (la volada)
- der Raum (el espacio, el área)
- der Saum (el dobladillo)
- der Schaum (la espuma)
- der Traum

-bold:

- der Kobold (el duende)
- der Lügenbold (el mentiroso)
- der Trunkenbold (el borracho)

- der Witzbold (el comodín)

-eg:

- der Abstieg
- der Ausstieg
- der Ausweg
- der Beleg
- der Krieg
- der Weg

Dos excepciones de origen latino que tienden al género neutro: das Privileg, das Sakrileg

-eis:

- der Ausweis
- der Kreis (misma categoría que *der Ring*, *der Zirkel*)
- der Preis

-en: alrededor del ochenta por ciento[26] de los sustantivos que terminan en *-en* son masculinos, el restante es de género neutro

- der Balken (la viga, el travesaño)
- der Ballen (el fardo)
- der Barren (el barral)
- der Batzen
- der Besen
- der Boden
- der Bogen
- der Braten
- der Brocken
- der Brunnen
- der Busen
- der Daumen

- der Degen
- der Drachen
- der Faden
- der Felsen
- der Fetzen (la tira)
- der Fladen
- der Frieden
- der Funken
- der Galgen
- der Garten
- der Gaumen (el paladar)
- der Glauben
- der Graben
- der Hafen
- der Haken
- der Haufen
- der Hoden
- der Hopfen
- der Husten
- der Karpfen (pez carpa, los peces tienden a ser masculinos)
- der Karren
- der Kasten
- der Klumpen
- der Knochen
- der Knoten
- der Kolben (el pistón)
- der Korken (el corcho)
- der Kragen
- der Krapfen
- der Kuchen
- der Laden
- der Lappen
- der Loden

– der Magen
– der Nacken
– der Ofen
– der Orden
– der Packen (la pila)
– der Pfropfen
– der Rachen
– der Rahmen
– der Rasen
– der Rechen (el rastrillo)
– der Regen
– der Reifen
– der Rochen (pez: la raya)
– der Roggen (el centeno)
– der Rücken
– der Samen
– der Schaden
– der Schinken
– der Schnupfen
– der Schuppen
– der Segen
– der Socken
– der Spaten
– der Stecken
– der Streifen
– der Tropfen
– der Wagen
– der Weizen
– der Zacken
– der Zapfen

Alrededor del veinte por ciento de los sustantivos que terminan en *-en* es neutro:[27]

- Sustantivos derivados de verbos terminados en *-en* son de género neutro:[28] das Essen, das Leben, das Wissen, das Schreiben, das Treffen, das Beben

- Los diminutivos terminados en *-en* son neutros: das Küken, das Fohlen (el potrillo)

- Partes del habla y de la gramática tienden a ser neutras, especialmente si terminan en *-en*: das Nomen

- Niveles altos o primeros órdenes de clasificación tienden a ser de género neutro (mirar el capítulo de los sustantivos neutros para una mejor explicación), lo cual podría ser también verdad para sustantivos en esta categoría que terminan en *-en*: das Wesen, das Volumen, das Vermögen

- Varios sustantivos asociados con la habitación (*das Schlafzimmer*) y el baño (*das Badezimmer*) tienden a ser neutros, y aquellos sustantivos relacionados que terminen en -en: das Laken (la sábana), das Kissen (la almohada), das Leinen (la ropa de cama), das Leintuch (la sábana), das Bett (la cama), das Becken (la cuenca), das Waschbecken (el lavabo), das Bad (el baño)

- Otros sustantivos de género neutro terminados en *-en*: das Examen (una importación francesa, que lo hace ser neutro), das Eisen (hierro – metales tienden a ser neutros), das Wappen (el emblema, en la misma categoría que *das Banner*, *das Hoheitszeichen*)

-ent: (pero no típicamente *-ment*[29])

– der Abiturient (el alumno de bachillerato en su último año)

- der Abonnent
- der Absolvent (el alumno diplomado)
- der Advent
- der Agent
- der Akzent
- der Assistent
- der Barchent
- der Cent
- der Dirigent
- der Dissident
- der Dozent
- der Exponent
- der Gradient
- der Koeffizient
- der Konsument
- der Kontinent
- der Kontrahent
- der Konvent
- der Korrespondent
- der Moment
- der Okzident
- der Opponent
- der Orient
- der Patient
- der Präsident
- der Produzent
- der Quotient
- der Referent
- der Regent
- der Resident
- der Rezensent
- der Student
- der Zedent

Excepciones (neutro):

- das Kontingent (de origen francés/latín)
- das Patent
- das Prozent (de la misma categoría que las fracciones, que son típicamente de género neutro: *das Viertel*, etc.)
- das Talent (originalmente una unidad de peso, como *das Pfund*, hoy significa talento)
- das Transparent (la pancarta también *das Banner*)

-er: alrededor del setenta por ciento de los sustantivos terminados en *-er* (pero no en *-ier*[30]) es masculino[31]

- der Acker
- der Anker
- der Ärger
- der Bagger
- der Becher
- der Bedenkenträger (el desconfiado)
- der Biber
- der Bohrer
- der Bunker
- der Donner
- der Dünger
- der Eifer
- der Eimer
- der Eiter
- der Fächer (el abanico)
- der Falter (la mariposa)
- der Fehler
- der Filter
- der Finger
- der Fühler
- der Hafer
- der Hammer

– der Hamster
– der Höcker (la joroba del camello)
– der Hocker (el banco)
– der Hummer
– der Hunger
– der Ingwer
– der Jammer
– der Kader (En Suiza: *das* Kader)
– der Käfer
– der Kater
– der Keller
– der Kerker (la mazmorra)
– der Kleber
– der Köder (el cebo)
– der Koffer
– der Körper
– der Krater
– der Kühler
– der Kummer
– der Laser
– der Lüster (el candelabro)
– der Ordner
– der Panzer
– der Sender
– der Sommer
– der Teller
– der Tiger
– der Walzer
– der Wecker
– der Winter
– der Zauber
– der Zeiger
– der Zucker

- **Los sustantivos derivados de los verbos con el sufijo *-er* tienden a ser de género masculino:** arbeiten → *der Arbeiter*, fahren → *der Fahrer*, lehren → *der Lehrer*, spielen → *der Spieler*

- **Los sustantivos, verbos o adjetivos con *-er, -ler, -ner, -iker* sumados a ellos tienden a ser masculino:** Eisenbahn → *der Eisenbahner*, Hamburg → *der Hamburger*, Sport → *der Sportler*, Rente → *der Rentner*, Alkohol → *der Alkoholiker*, fernsehen → *der Fernseher*, fehlen → *der Fehler*

- **Los derivados de los números con la terminación *-er* tienden a ser masculinos:** 50 → *der Fünfziger*

Excepciones: alrededor del quince por ciento de los sustantivos que terminan en *-er* son de género femenino[32]

Las partes del cuerpo conforman una categoría de sustantivos que es de género femenino y terminan en *-er*:

- die Ader (la vena)
- die Herzkammer (el ventrículo)
- die Leber (el hígado)
- die Schulter (el hombro)
- die Wimper (la pestaña)

Otros sustantivos femeninos terminados en *-er*:

- die Butter (anteriormente tenía una terminación femenina *-a*, asociada a *die Kuh → die Milch → die Butter*)
- die Dauer (la duración, misma categoría que *die Zeit*)
- die Elster (la urraca, los pájaros pequeños tienden a ser femeninos)

- die Faser (la fibra: sinónimo de *die Litze*, el alambrado)
- die Feder (la pluma)
- die Feier (la celebración)
- die Folter (la tortura, misma categoría que *die Quälerei, die Tortur*)
- die Leiter (la escalera, sinónimo de *die Verbindung*, deriva de *die Leitung*)
- die Marter (el martirio)
- die Mauer (sinónimo de *die Wand*, las superficies planas tienden a ser femeninas)
- die Metapher (la metáfora sinónimo de *die Übertragung*)
- die Oper (tenía una terminación en *-a* a finales del 1700)
- die Steuer (el impuesto, los números son femenino)
- die Trauer (la tristeza, las lágrimas son de género femenino: *die Träne*)
- die Ziffer (la cifra, los números son femeninos)

Excepciones de género neutro: alrededor del quince por ciento[33] de los sustantivos terminados en *-er* es neutro

- das Alter (la edad, medida en años, *das Jahr*)
- das Banner (sustantivo importado del francés, tiende a ser neutro, también en la misma categoría que *das Hoheitszeichen, das Wappen*)
- das Feuer (el fuego; los elementos de la naturaleza tienden a ser neutros)
- das Fieber (importado del latín, lo que lo haría neutro)
- das Futter (es un alto nivel de categoría: la comida para animales)
- das Gatter (el portón; misma categoría que *das Tor, das Portal, das Hindernis*)
- das Gitter (la reja/rejilla de hierro; los metales tienden a ser de género neutro)

- das Kloster (el claustro, del latín y misma categoría que *das Wohnhaus*)
- das Kupfer (los metales tienden a ser neutros)
- das Lager (el depósito, la misma categoría que *das Vorratshaus*, *das Camp*, *das Depot*)
- das Leder (el cuero: la misma categoría que proviene del animal como la piel, *das Fell*)
- das Messer (el cuchillo, metales y espadas son neutros)
- das Muster (la misma categoría como en *das Beispiel*)
- das Opfer (podría referirse tanto a una cosa inanimada como a la ofrenda, o a una persona, la víctima hombre o mujer)
- das Pflaster (el pavimento)
- das Poster (sustantivos importados tienden a ser neutros)
- das Pulver (la pólvora)
- das Ruder (el timón; la misma categoría que *das Steuer*, *das Paddel*)
- das Silber (los metales tienden a ser neutros)
- das Ufer (la misma categoría que *das Land*)
- das Wasser (el agua; los elementos de la naturaleza tienden a ser de género neutro)
- das Wetter (la misma categoría del género neutro que en *das Klima*)
- das Wunder (la misma categoría que *das Geschehen*, *das Ereignis*, *das Staunen*)
- das Zimmer (la habitación; originalmente proviene de la madera, *Zimmermann* = carpintero; *das Bauholz*; *das Haus*; *das Gebäude*)

-el: como en el caso con terminaciones en *-er* (vea arriba), las terminaciones *-el* también tienden a estar asociadas con los sustantivos masculinos. Alrededor del sesenta por ciento[34] de los sustantivos terminados en *-el* son de género masculino.

Sustantivos de género masculino que terminan en *-el*:

- der Apfel (es una excepción a la regla, las frutas tienden a ser de género femenino)
- der Ärmel (la manga)
- der Artikel
- der Beutel
- der Büffel
- der Bügel
- der Dackel (el perro salchicha, la misma categoría que *der Hund*)
- der Deckel (la tapa)
- der Egel (la sanguijuela)
- der Engel
- der Esel
- der Flügel
- der Gipfel
- der Gürtel
- der Hagel
- der Handel
- der Hebel
- der Henkel
- der Himmel
- der Hügel
- der Igel (el erizo)
- der Jubel
- der Kegel (el cono)
- der Kessel (la pava)
- der Kittel (el blusón)
- der Knöchel (el tobillo)
- der Knödel
- der Knorpel (el cartílago)
- der Kübel

- der Löffel (la cuchara – un utensilio importante del menaje hogareño, que sigue la tendencia del *-el*)
- der Mangel
- der Mantel
- der Meissel (el cincel)
- der Mörtel (el mortero; mezcla de cemento y arena)
- der Muskel
- der Nabel
- der Nagel
- der Nebel
- der Pegel
- der Pickel
- der Pöbel (la plebe)
- der Pudel
- der Rüssel (la trompa, como la del elefante)
- der Säbel (el sable)
- der Schenkel
- der Schlüssel
- der Schnabel
- der Sessel
- der Sockel
- der Stapel
- der Tempel
- der Titel
- der Trubel (el ajetreo)
- der Tümpel (el estanque)
- der Tunnel
- der Vogel
- der Winkel
- der Wipfel (la copa del árbol)
- der Würfel
- der Zettel
- der Ziegel (el ladrillo/la teja)
- der Zirkel

– der Zweifel (la duda)

Excepciones: alrededor del veinte por ciento[35] de los sustantivos terminados en *-el* son de género femenino

- los pájaros (los cuales tienden a ser femeninos – si no son muy grandes): die Amsel (el mirlo), die Drossel (el zorzal), die Wachtel (la codorniz)

- los frutos de las plantas tienden a ser femeninos, así como también algunos sustantivos terminados en *-el*: die Dattel (el dátil), die Distel (el cardo), die Eichel (la bellota), die Wurzel (la raíz)

- como en el caso de los sustantivos terminados en *-er*, algunas partes del cuerpo tienden a ser la excepción a la tendencia con la terminación masculina *-el*: die Achsel (la axila)

- algunas comidas y utensilios relacionados: die Muschel (los mariscos: la almeja, del siglo IX *muscula*), die Nudel; die Gabel, ese utensilio importante del menaje del hogar, el tenedor es femenino (ver la explicación en la introducción), así como otros instrumentos de la casa también lo son: die Nadel, die Kordel (el cordón), die Kurbel (la manivela/el manubrio), die Tafel (la pizarra/el tablero)

- die Angel (la caña de pescar)

- las frases, las reglas y los cuentos tienden a ser femeninos: die Bibel, die Regel, die Klausel (la cláusula), die Fabel, die Floskel (una frase vacía, decir algo con el propósito de no decir nada en especial)

- los objetos que brillan o dan luz: die Ampel (el semáforo), como *die Lampe*, die Fackel (una antorcha, del siglo VIII)

- die Insel (la isla, del latín *insula*, que termina en la femenina *-a*)
- die Klientel (la clientela, del latín *clientela* que termina en la femenina *-a*)
- die Kugel (en la edad media tenía la terminación *-e*), die Gondel (del italiano *gondola*, con terminación *-a* tiende a ser femenina), die Kapsel (del latín *capsula*), die Orgel (del latín *organa*), die Formel (del latín *formula*), die Geisel (el rehén, masculino o femenino)

Excepciones: alrededor del quince por ciento de los sustantivos que terminan en *-el* son de género neutro

- das Debakel (importada de una palabra francesa, con la tendencia a ser de género neutro; en la misma categoría que *das Fiasko*, *das Desaster*)
- das Ferkel (el cerdito/el cochinillo, los diminutivos tienden a ser neutros)
- das Hotel (el hotel es neutro; la misma categoría que *das Gasthaus*)
- das Kabel (la misma categoría que *das Seil*: la soga/la cuerda)
- das Kapitel (forma parte de *das Buch*; del latín: *capitulum*, un sustantivo de género neutro en latín importado al alemán)
- das Mittel (los medios: asociado a *das Geld*, *das Kapital*)
- das Nickel (los metales tienden a ser de género neutro)
- das Orakel (referido a una persona de sexo masculino o femenino como también a una cosa, del latín neutro: *oraculum*, lo que tiende a ser neutro al importarlo al alemán)

- das Paddel (palabra importada; la misma categoría del neutro que *das Ruder*)
- das Pendel (del latín *pendulum*)
- das Rätsel (la misma categoría del neutro que *das Geheimnis*, *das Mysterium*, *das Phänomen*, *das Wunder*)
- das Rudel (el paquete/el tropel/la manada: los colectivos tienden a ser de género neutro, especialmente cuando comienzan con *Ge-*)
- das Segel (la vela: de *das Tuchstück*)
- das Übel (la maldad: la misma categoría del neutro que *das Böse*, *das Leid*)
- das Wiesel (animal pequeño: la comadreja)

-eur: (pero no *-ur*[36])

- der Akteur
- der Amateur
- der Charmeur
- der Chauffeur
- der Dekorateur
- der Deserteur
- der Dompteur
- der Dresseur
- der Exporteur
- der Filmregisseur
- der Flaneur
- der Friseur
- der Gouverneur
- der Graveur
- der Hasardeur
- der Importeur
- der Ingenieur
- der Innendekorateur
- der Inspekteur

- der Installateur
- der Instrukteur
- der Jongleur
- der Kollaborateur
- der Kolporteur
- der Kommandeur
- der Konstrukteur
- der Kontrolleur
- der Marodeur
- der Masseur
- der Monteur
- der Operateur
- der Parfümeur
- der Profiteur
- der Provokateur
- der Redakteur
- der Regisseur
- der Saboteur
- der Schwadroneur
- der Souffleur
- der Spediteur
- der Transporteur
- der Voyeur

Excepción: *das Interieur* (una cosa inanimada, no una profesión, rol o actividad)

-ich: los sustantivos que terminan en *-ich* son masculinos en un 81 por ciento de las veces[37]

- der Anstrich
- der Ausgleich
- der Bereich
- der Deich (el dique)

- der Fittich (de forma poética para referirse al ala de un pájaro, es la misma categoría que en *der Flügel*)
- der Streich
- der Strich
- der Teich
- der Teppich
- der Vergleich
- der Wüterich (alguien que se enoja fácilmente)

-ig: der Honig, der Käfig, der Teig, der Pfennig

-iker: (masculino 100 por ciento de las veces)

- der Agnostiker
- der Akademiker
- der Alkoholiker
- der Analytiker
- der Aphoristiker
- der Apokalyptiker
- der Arithmetiker
- der Asthmatiker
- der Astrophysiker
- der Automechaniker
- der Bautechniker
- der Biochemiker
- der Botaniker
- der Chemiker
- der Computertechniker
- der Diabetiker
- der Dogmatiker
- der Dramatiker
- der Egozentriker
- der Elektriker
- der Elektroniker

- der Elektrotechniker
- der Epiker
- der Epileptiker
- der Esoteriker
- der Ethiker
- der Exzentriker
- der Fanatiker
- der Genetiker
- der Grafiker/Graphiker
- der Häretiker
- der Heilpraktiker
- der Historiker
- der Hysteriker
- der Informatiker
- der Ironiker
- der Keramiker
- der Kernphysiker
- der Klassiker
- der Kleriker
- der Komiker
- der Kosmetiker
- der Kritiker
- der Kybernetiker
- der Logiker
- der Lyriker
- der Marketingpraktiker
- der Mathematiker
- der Mechaniker
- der Mimiker
- der Musiker
- der Mystiker
- der Neurotiker
- der Optiker
- der Philharmoniker

- der Physiker
- der Polemiker
- der Politiker
- der Pragmatiker
- der Praktiker
- der Prognostiker
- der Psychoanalytiker
- der Psychotiker
- der Rhetoriker
- der Romantiker
- der Sanguiniker
- der Satiriker
- der Skeptiker
- der Statiker
- der Statistiker
- der Stoiker
- der Taktiker
- der Techniker
- der Theoretiker
- der Verschwörungstheoretiker
- der Zahntechniker
- der Zyniker

-ismus: (masculino 100 por ciento de los casos)

- der Absolutismus
- der Abstimmungsmechanismus
- der Aktionismus
- der Aktivismus
- der Alkoholismus
- der Alpinismus
- der Altruismus
- der Anachronismus
- der Analphabetismus

- der Anarchismus
- der Anglizismus
- der Antagonismus
- der Antifaschismus
- der Antikonformismus
- der Antisemitismus
- der Aphorismus
- der Arabismus
- der Archaismus
- der Atavismus
- der Atheismus
- der Autismus
- der Automatismus
- der Behaviorismus
- der Bilingualismus
- der Bioterrorismus
- der Buddhismus
- der Calvinismus
- der Chauvinismus
- der Dadaismus
- der Darwinismus
- der Defätismus
- der Deismus
- der Despotismus
- der Determinismus
- der Dogmatismus
- der Druckmechanismus
- der Egalitarismus
- der Egoismus
- der Egozentrismus
- der Elektromagnetismus
- der Eskapismus
- der Euphemismus
- der Evolutionismus

- der Exhibitionismus
- der Existentialismus
- der Exorzismus
- der Expressionismus
- der Extremismus
- der Fanatismus
- der Faschismus
- der Fatalismus
- der Feminismus
- der Fetischismus
- der Feudalismus
- der Finanzkapitalismus
- der Föderalismus
- der Fundamentalismus
- der Funktionalismus
- der Futurismus
- der Germanismus
- der Gigantismus
- der Hedonismus
- der Hellenismus
- der Hinduismus
- der Humanismus
- der Idealismus
- der Imperialismus
- der Impressionismus
- der Individualismus
- der Intellektualismus
- der Internationalismus
- der Irrationalismus
- der Islamismus
- der Isolationismus
- der Journalismus
- der Judaismus
- der Kalvinismus

- der Kannibalismus
- der Kapitalismus
- der Katechismus
- der Katholizismus
- der Klassizismus
- der Kollektivismus
- der Kolonialismus
- der Kommunismus
- der Konformismus
- der Konfuzianismus
- der Konservatismus
- der Konsultationsmechanismus
- der Kreationismus
- der Kubismus
- der Kulturimperialismus
- der Laizismus
- der Leninismus
- der Liberalismus
- der Linksextremismus
- der Lobbyismus
- der Magnetismus
- der Maoismus
- der Marxismus
- der Masochismus
- der Massentourismus
- der Materialismus
- der Mechanismus
- der Metabolismus
- der Mikroorganismus
- der Militarismus
- der Minimalismus
- der Modernismus
- der Monotheismus
- der Moralismus

- der Multikulturalismus
- der Nationalismus
- der Nationalsozialismus
- der Naturalismus
- der Nazismus
- der Neoliberalismus
- der Neologismus
- der Neomarxismus
- der Nepotismus
- der Neuklassizismus
- der Nihilismus
- der Nonkonformismus
- der Nudismus
- der Ökotourismus
- der Opportunismus
- der Optimismus
- der Organismus
- der Paganismus
- der Parallelismus
- der Parlamentarismus
- der Paternalismus
- der Patriotismus
- der Pazifismus
- der Perfektionismus
- der Pessimismus
- der Platonismus
- der Pluralismus
- der Populismus
- der Pragmatismus
- der Professionalismus
- der Protektionismus
- der Protestantismus
- der Puritanismus
- der Radikalismus

- der Rassismus
- der Rationalismus
- der Realismus
- der Rechtsextremismus
- der Rechtsradikalismus
- der Republikanismus
- der Revanchismus
- der Revisionismus
- der Sadismus
- der Schutzmechanismus
- der Separatismus
- der Sexismus
- der Sicherungsmechanismus
- der Skeptizismus
- der Snobismus
- der Sozialismus
- der Subjektivismus
- der Surrealismus
- der Syllogismus
- der Syndikalismus
- der Terrorismus
- der Thatcherismus
- der Tourismus
- der Tribalismus
- der Utilitarismus
- der Utopismus
- der Vandalismus
- der Veganismus
- der Vegetarismus
- der Voyeurismus
- der Vulgarismus
- der Zionismus
- der Zündungsmechanismus
- der Zynismus

Kn-:

- der Knabe
- der Knacker
- der Knall
- der Knebel
- der Kniff
- der Knoblauch
- der Knochen
- der Knopf
- der Knüppel

(Cuanto mayor es la cantidad de consonantes al comienzo o al final del sustantivo, mayor es la probabilidad de ser un sustantivo masculino.[38] Excepto: *das Knie*)

-ling: los sustantivos que finalizan en *-ling* (pero no necesariamente en *-ing*[39]), tienden a ser de género masculino

- der Abkömmling (el descendiente)
- der Ankömmling (el advenedizo)
- der Dichterling (un poeta, el coplero)
- der Drilling (relativo a las personas: el trillizo)
- der Eindringling (el intruso)
- der Erdling (el terrícola)
- der Flüchtling (el refugiado)
- der Frühling (la primavera)
- der Lehrling (el estudiante)
- der Liebling (la favorita)
- der Säugling (el infante)
- der Schmetterling (la mariposa)
- der Schützling (el protegido)
- der Schwächling (el endeble)
- der Zwilling (el mellizo)

-mpf:

- der Dampf (el vapor)
- der Kampf
- der Krampf
- der Rumpf
- der Strumpf
- der Stumpf
- der Sumpf (el pantano)
- der Trumpf

-ner: der Kenner (el conocedor), der Ordner (el expediente/la carpeta)

Excepciones: das Banner (los sustantivos extranjeros importados tienden a ser de género neutro), die Wiener (en el caso cuando se hace referencia a *die Wiener Wurst*)

-og:

- der Blog (también *das* Blog)
- der Dialog
- der Herzog
- der Katalog
- der Monolog
- der Smog
- der Sog (la estela)
- der Trog (la bandeja)

-on: der Marathon, der Thron

-pf: los sustantivos que finalizan en *-pf* son con frecuencia de género masculino: der Kopf, der Zopf, der Napf, der Knopf, der Kropf, der Pfropf, der Schopf (un mechón de pelo), der Topf, der Gugelhupf, der Unterschlupf (el refugio)

Schwa-: der Schwabe, der Schwachsinn, der Schwall, der Schwamm, der Schwan, der Schwank, der Schwanz (Excepciones: *die Schwalbe* – la golondrina, un pájaro, que también posee la terminación *-e*)

-tel: mirar la entrada arriba para *-el*

-u: terminación en la no acentuada *-u*

- der Akku (abbreviación de *der Akkumulator*, la batería)
- der Bau
- der Guru
- der Klau
- der Pneu (la misma categoría de género masculino que *der Reifen*)
- der Stau
- der Tofu
- der Uhu (tipo de lechuza; pájaros grandes tienden a ser masculinos)

Los sustantivos que finalizan en la acentuada *-u* tienden a no ser de género masculino (en los próximos ejemplos se distinguen todos sustantivos importados, con la tendencia a ser de género neutro):

- das Adieu
- das Plateau
- das Tabu
- das Tiramisu

-uch: Los sustantivos terminados en *-uch* son de género masculino o neutro:

- der Abbruch
- der Besuch

- der Bruch
- der Einbruch
- der Einspruch
- der Eunuch
- der Fluch
- der Geruch/der Ruch
- der Spruch
- der Umbruch
- der Unterbruch
- der Versuch
- der Zuspruch

Los ejemplos del neutro para esta terminación:

- das Buch
- das Gesuch (la solicitud/la petición/la demanda por escrito; la documentación tiende a tener el género neutro: *das Schreiben*, *das Wort*, *das Papier*, *das Blatt*, *das Dokument*, *das Buch*)
- das Tuch

-ug: der Flug, der Abflug, der Ausflug, der Zug, der Anzug, der Einzug, der Umzug, der Unfug

-und: der Bund, der Grund, der Schund (basura/mugre), der Hund, der Fund, der Schwund (la merma, la atrofia), der Schlund (las fauces, la garganta), der Mund (excepción, neutro: das Pfund)

-us:

- der Abakus
- der Airbus
- der Bonus
- der Bus

- der Campus
- der Diskus
- der Exodus
- der Fiskus
- der Fokus
- der Kaktus
- der Malus
- der Modus
- der Nexus
- der Radius
- der Status
- der Tetanus
- der Typhus
- der Typus
- der Zirkus
- der Zyklus

Excepciones de género neutro:

- das Genus (género gramatical)
- das Haus
- das Minus
- das Opus
- das Plus
- das Virus (cuando se refiere a algo técnico, pero en uso coloquial puede llevar *der*)

Excepciones de género femenino:

- die Maus (los animales pequeños tienden a ser de género femenino)
- die Venus (ambas diosas romanas del amor y el planeta)

Los sonidos están también relacionados con cuán largas o cortas son las palabras; los sustantivos monosílabos tienden a ser abrumadoramente de género masculino, seguidos de neutro y femenino.[40]

Los sustantivos monosílabos que son de género masculino (tome nota de la frecuencia de las consonantes al comienzo y al final de los sustantivos):

- der Arm
- der Darm
- der Gott
- der Spott
- der Schrott
- der Fuss
- der Fluss
- der Guss
- der Kuss
- der Schluss
- der Schuss
- der Schein
- der Stein
- der Wein
- der Brei
- der Schrei
- der Klatsch
- der Tratsch
- der Druck
- der Ruck
- der Schluck
- der Schmuck
- der Schwanz
- der Kranz
- der Zins
- der Mix

- der Tee
- der Chip
- der Clip
- der Trip

Los sustantivos monosílabos en singular que comienzan con *Kn-* tienden a ser de género masculino (especialmente si finalizan en consonante):

- der Knack
- der Knall
- der Knast
- der Knauf
- der Knecht
- der Knick
- der Kniff
- der Knopf

(Excepción: das Knie)

Los sustantivos monosílabos con *-t* tienden a ser de género masculino:

- der Staat, del cual derivan sustantivos compuestos:
    - der Agrarstaat
    - der Bundesstaat
    - der Dienstleistungsstaat
    - der Einheitsstaat
    - der Feudalstaat
    - der Golfstaat
    - der Industriestaat
    - der Inselstaat
    - der Kirchenstaat
    - der Kleinstaat

- der Küstenstaat
- der Mitgliedsstaat
- der Nachbarstaat
- der Nationalstaat
- der Ölstaat
- der Oststaat
- der Polizeistaat
- der Rechtsstaat
- der Satellitenstaat
- der Schurkenstaat
- der Sozialstaat
- der Stadtstaat
- der Vasallenstaat
- der Wohlfahrtsstaat

• der Markt, del cual derivan sustantivos compuestos utilizados con frecuencia:

  - der Agrarmarkt
  - der Aktienmarkt
  - der Binnenmarkt
  - der Devisenmarkt
  - der Kreditmarkt

• der Saft, del cual le siguen una gran variedad de jugos:

  der Apfelsaft, der Fruchtsaft, der Hustensaft, der Orangensaft, der Tomatensaft, der Traubensaft, der Zitronensaft

• der Wert, del cual le siguen una gran cantidad de sustantivos compuestos, especialmente utilizados en el lenguaje técnico cuando se trata de magnitudes medibles:

  - der Anfangswert

- der Anlagewert
- der Anpassungswert
- der Bauwert
- der Bodenwert
- der Bruttowert
- der Buchungswert
- der Buchwert
- der Defaultwert
- der Depotwert
- der Dezimalwert
- der Durchschnittswert
- der Emissionswert
- der Endwert
- der Erfahrungswert
- der Ertragswert
- der Extremwert
- der Gegenwert
- der Geldwert
- der Gesamtwert
- der Grenzwert
- der Grundwert
- der Handelswert
- der Höchstwert
- der Indexwert
- der Kalorienwert
- der Kapitalwert
- der Kaufwert
- der Kennwert
- der Kurswert
- der Marktwert
- der Maximalwert
- der Mehrwert
- der Mietwert
- der Mindestwert

- der Mittelwert
- der Nettowert
- der Nominalwert
- der Realwert
- der Restwert
- der Seltenheitswert
- der Sollwert
- der Standardwert
- der Toleranzwert
- der Umrechnungswert
- der Wiederverkaufswert

• der Test (le siguen gran cantidad de sustantivos compuestos: der Abgastest, der Backtest, der Dopingtest)

• der Draht (el alambre, le siguen sustantivos compuestos como *der Stacheldraht*, el alambre de púa)

• der Bart, der Start, der Wart (la persona responsable de algo, del cual *der Abwart*), pero die Gegenwart, (porque es el sinónimo de *die Jetztzeit*, *die Präsenz*)

• der Hut

• Los sustantivos monosílabos terminados en *-d* tienden a ser de género masculino:

  der Brand, der Bund, der Feind, der Fjord, der Fund, der Held, der Herd, der Fond, der Grad, der Hund, der Mond, der Mund, der Neid, der Pfad, der Rand, der Sand, der Stand, der Sold, der Tod, der Trend, der Wind

  Las excepciones de género neutro y femenino pueden ser por lo general explicadas en la Regla 1 (categorías)

Excepciones (género neutro): das Bad, das Bild, das Glied, das Kleid, das Gold (los metales tienden a ser neutro), das Hemd, das Jod (las sustancias químicas tienden a ser de género neutro), das Kind, das Land, das Leid, das Lied, das Rad, das Pferd, das Rind, das Pfund (las unidades de peso tienden a ser de género neutro), das Feld, das Wild

Excepciones (género femenino): die Hand, die Jagd (el origen femenino de la caza se explica en la Introducción), die Magd, die Wand (las superficies planas tienden a ser femenino)

Excepciones: otros sustantivos monosílabos que son neutros: das Bein (la pierna), das Blut (la sangre), das Buch, das Feld, das Floss, das Gut (como en *das Kulturgut*), das Haar (el pelo), das Heim, das Herz (el corazón), das Ja, das Nein, das Jein (una respuesta entre el sí y el no), das Kinn (el mentón), das Knie (la rodilla), das Ohr (la oreja), das Ross, das Schloss, das Sein, das Tuch, das Zelt

Excepciones: sustantivos monosílabos que son femeninos, die Kur, die Uhr, die Nuss

- Los sustantivos sin sufijos que derivan de verbos tienden a ser de género masculino:

  - fallen → der Fall
  - fangen → der Fang
  - fluchen → der Fluch
  - gehen → der Gang
  - hängen → der Hang
  - klingen → der Klang
  - küssen → der Kuss
  - sprechen → der Spruch
  - zwingen → der Zwang

- A veces también son de género neutro: spielen → das Spiel, zelten → das Zelt
- En raras ocasiones son femeninos: fliehen → die Flucht, wählen → die Wahl

-x:

Los de género masculino: der Index, der Aktienindex, der DAX (Deutscher Aktienindex), der Bordeaux, der Komplex, der Kodex, der Reflex, der Sex

Los de género femenino: die Box (el cual debería ser neutro por ser importado del inglés, *Box* es de género femenino, porque se encuentra en la misma categoría que die Büchse, un contenedor); *die Mailbox*, *die Crux*, *die Matrix*

Los de género neutro: das Paradox (importada del griego, lo que lo haría neutro), das Präfix, das Suffix (los términos gramaticales tienden a ser de género neutro)

Die: las reglas de los sustantivos de género femenino

Regla 1: Las Categorías

Los números y las matemáticas: die Nummer, die Ziffer, die Zahl, die Null, die Eins, die Drei, die Algebra, die Mathematik, die Geometrie, die Rechnung, die Steuer (el impuesto)

El tiempo, especialmente los períodos cortos: die Zeit, die Uhr, die Stunde, die Minute, die Sekunde; los períodos más prolongados son de género neutro: das Jahr, das Jahrzehnt (la década), das Jahrhundert (el siglo), das Jahrtausend (el milenio), y los períodos intermedios son de género masculino: der Tag, der Monat Las excepciones ocurren cuando el sustantivo termina en la femenina *-e*: die Woche, die Dekade, die Epoche

La autoridad, el poder, la dirección o la gobernanza: die Kraft (la fuerza), die Macht (el poder), die Power, die Leistung, die Energie, die Stärke, die Festigkeit, die Belastbarkeit, die Gewalt (la fuerza, la violencia), die Befugnis (la autorización), die Wucht (el impacto), die Potenz, die Mächtigkeit, die Herrschaft (la dominación/la regla), die Vollmacht (el poder notarial), die Behörde, die Autorität, die Regierung, die Kontrolle (el control/la supervisión), die Steuerung (la gerencia), die Steuer (el impuesto), die Zahlung (el pago)

Reglas, permisos y límites: die Regelung (la regulación, el arreglo), die Justiz, die Erlaubnis, die Limitierung, die Grenze, die Begrenzung, die Beschränkung

Conocimiento y sabiduría: sabiduría es un sustantivo femenino tanto en griego ("sophia") como en latín ("sapientia") Quizás no nos sorprenda por eso que conocimiento y sabiduría sean de género femenino en alemán así como también: die Art, die Besonnenheit, die Bildung, die Einsicht, die Gerechtigkeit, die Intelligenz, die Justiz, die Kenntnis, die Klugheit, die Kunst, die Methode, die Methodik, die Philosophie, die Ratio, die Sorgfalt, die Technik, die Technologie, die Umsicht, die Vorausschau, die Voraussicht, die Vernunft, die Weise, die Weisheit, die Weitsicht

Comunicación: die Kommunikation, die Rede, die Frage, die Antwort,[41] die Replik, die Sprache, die Prosa, die Dichtung, die Sprachform, die Literatur, die Vorstellung, die Präsentation, die Metapher, die Übertragung, die Wiedergabe, die Erwiderung, die Entgegnung, die Besprechung, die Kritik, die Rezension, die Darstellung, die Moderation, die Vorführung, die Fabel, die Floskel (una frase vacía/decir algo por el hecho de decirlo). Las excepciones pueden ser explicadas en la Regla 2. Los sustantivos que comienzan con *Ge-* tienden a ser de género neutro, por eso *das Gespräch*, *das Gerede*; los sustantivos que terminan en *-og* tienden a ser masculinos como en *der Dialog.*

Instrumentos musicales: die Musik, die Orgel, die Flöte, die Harfe, die Mundharmonika, die Geige, die Violine, die Konzertina, die Gitarre, die Glocke, die Mandoline, die Oboe, die Trompete[42]

Formas:[43] die Form, die Gestalt (forma / figura), die Gestaltung (diseño/layout/composición):

- **Formas planas:**
  - die Ablage (el depósito)
  - die Bildfläche (la pantalla)
  - die Bohle (el tablón)

- die Bramme (la losa)
- die Decke (el cielo raso/el techo)
- die Ebene (el plano/el nivel)
- die Fläche (el área/la superficie)
- die Flanke (el flanco)
- die Fliese (la baldosa)
- die Kulisse (el paisaje de fondo)
- die Platte (el azulejo)
- die Schale (la bandeja)
- die Scheibe (la rebanada)
- die Schublade (el cajón)
- die Seite
- die Tafel (la pizarra)
- die Theke (la barra, el bar, el mostrador)
- die Tischplatte (superficie de la mesa)
- die Tragfläche (el ala del avión)
- die Tür
- die Wand (la pared), die Mauer (el muro)

• **Formas filosas:**

- die Brosche (el broche)
- die Forke (el rastrillo)
- die Gabel (el tenedor)
- die Klinge, die Schneide (la punta filosa)
- die Lanze (la lanza)
- die Nadel (la aguja)
- die Schraube (el tornillo)
- die Spitze (la punta)
- die Spritze (la inyección)
- die Zinke (el diente, la púa)

- **Formas de pinzas:**

  - die Klaue (la garra)
  - die Kralle (la uña)
  - die Pratze (la pata, el mango)
  - die Schere (las tijeras)
  - die Zange (la pinza, la tenaza)

- **Formas huecas:**

  - die Box
  - die Büchse (la caja)
  - die Dose (la lata)
  - die Flasche
  - die Grotte
  - die Höhle (la cueva)
  - die Hülle (la funda)
  - die Kiste (el baúl)
  - die Röhre
  - die Schachtel (la caja)
  - die Schlucht (la garganta)
  - die Schüssel (el plato hondo)
  - die Trommel (el tambor)
  - die Tube

Mayoría de los ríos de Europa central: die Aare, die Limmat, die Reuss, die Rhone, die Donau, die Mosel, die Elbe, die Weser, die Oder (excepciones: der Rhein, der Main) y ríos afuera de Europa terminados en *-a* o en *-e*

Cazar: esto tiene que ser femenino porque los griegos y los romanos tenían una diosa de la caza, Artemis y Diana: die Jagd, die Suche, die Verfolgung, die Hetze, die Flucht, die Wildnis

Comida y sostenimiento: die Nahrung (la alimentación/ nutrición/dieta), die Speise (la comida), die Kost; la comida provista por los mamíferos femeninos: die Milch, die Muttermilch (la leche materna)

Gestos: die Geste, die Gebärde, die Bewegung, die Attitüde, die Körperhaltung, die Körpersprache, die Haltung, die Positur, die Stellung, die Pose

Señales de navegación, la marina y embarcaciones a vela: die Bake (el faro), die Boje (la boya), die Tonne, die Marine, die Handelsmarine, die Kriegsmarine, die Flotte, die Navy, die Jacht/die Yacht

Temperatura (en términos extremos)**:** die Temperatur

- Calor y lugares cálidos: die Sonne, die Glut (el resplandor), die Wärme, die Hitze, die Wüste, die Sahara, die Hölle, die Heizung, die Wärmesenke (el disipador de calor)

- Frío y lugares fríos: die Kälte, die Frostigkeit, die Erkältung, die Arktis, die Antarktis, die Kühle

Motocicletas y marcas: die BMW (solamente la motocicleta, no el auto), die Yamaha

Tipos de aviones: die Boeing 747, die Challenger, die Tupolew; pero *der Airbus* por *der Bus*

Nombres de barcos (aún en los casos donde de lo contrario serían masculinos)**:** die Bismarck, die Titanic, y asimismo la categoría que los reúne es de género neutro (das Schiff, das Boot)

Animales con la terminación femenina -*e*: die Schildkröte, die Giraffe o en -*in*, como die Löwin, también animales domésticos que nos proveen la leche, die Kuh, die Geiss, die Ziege, o que nos proveen los huevos, die Gans, die Henne o tienden a ser pequeños, die Maus y no terminan en *-er*, los cuales son más típicamente masculinos

Varios tipos de pájaros son de género femenino (especialmente los de tamaño pequeño)**:** die Amsel (el mirlo), die Drossel (el tordo), die Ente (el pato), die Elster (la urraca), die Eule (el búho), die Gans (el ganso), die Krähe (el cuervo), die Möwe (la gaviota), die Nachtigall (el ruiseñor), die Schwalbe (la golondrina), die Taube (la paloma), die Wachtel (la codorniz) Algunas excepciones: der Adler (el águila), der Falke (el halcón), der Papagei (el papagayo)

Muchos insectos son de género femenino (especialmente si finalizan en la femenina letra *-e*)**:** die Biene, die Libelle, die Zikade; existe también un amplio grupo de insectos que poseen terminaciones asociadas a sustantivos de género masculino, por ejemplo: der Floh, der Käfer

Gran cantidad de árboles son femeninos: die Buche (la haya), die Eiche (el roble), die Birke, die Kiefer, die Pappel (el álamo), die Tanne. Algunas excepciones: der Ahorn (el arce), der Farn (el helecho), der Wacholder (el enebro)

Flores, especialmente si finalizan en la femenina -*e*: die Rose, die Tulpe, die Nelke (el clavel), die Mimose, die Chrysantheme, con cuantiosas excepciones, especialmente si terminan en *-en* como es usado en diminutivos, quienes están asociados al género neutro: das Stiefmütterchen (el pensamiento), das Veilchen (la violeta)

Frutas: die Ananas, die Apfelsine, die Aprikose, die Banane, die Birne, die Erdbeere, die Dattel, die Feige, die Guave, die Grapefruit, die Kiwi, die Kirsche, die Kokosnuss, die Kumquat, die Litschi, die Mandel, die Mango, die Melone, die Nuss, die Orange, die Pflaume, die Quitte, die Zitrone (excepciones: der

Apfel, der Granatapfel, der Pfirsich – esta última sigue la regla de los sonidos: los sustantivos que finalizan en *-el* son abrumadoramente de género masculino; y los sustantivos que terminan y comienzan con gran cantidad de consonantes tienden a ser de género masculino como en *Pfirsich*

Pastas de dientes y marcas de dentífricos: die Zahnpasta, die Colgate

Tipo de letra: die Helvetica

El software: die Software, (sinónimo de *die Programm-ausstattung*), die Malware, die Ransomware (*die Erpresser-software*), die Applikation (de ahí la abreviación *die App*, o si usted piensa que la palabra App se refiere a *das Programm*, entonces usted tiene que atribuirle el género neutro)

Los sustantivos de género femenino que denotan personas femeninas o funciones que suelen ser femeninas: die Mutter, die Tochter, die Frau, die Schwester, pero no siempre. Excepciones: das Mädchen (por causa de la Regla 2 los diminutivos son neutros). Para cambiar una designación para que sea explícitamente femenina, se utiliza la terminación *-in*: die Lehrerin, die Kaiserin, die Königin, die Ärztin

Regla 2: Los Sonidos

En alemán, así como en griego y en latín, las palabras que terminan en *-a* y en *-e* tienen una probabilidad muy alta de ser de género femenino

-a: los sustantivos que finalizan en *-a* tienden a ser de género femenino, especialmente si sus raíces provienen de sustantivos del griego o del latín con la terminación *-a*, aunque éste no es siempre el caso (mirar abajo): die Ära, die Agenda, die Algebra, die Angina, die Aorta, die Arena, die Aula, die Diva, die Fauna, die Flora, die Gala, die Kamera, die Lava, die Lira, die Mama, die Malaria, die Pasta, die Paella, die Peseta, die Pizza, die Quinoa, die Sauna, die Siesta, die Villa, die Viola

Excepciones: sustantivos del griego terminados en *-ma*

- das Aroma
- das Asthma
- das Charisma
- das Drama
- das Dilemma
- das Dogma
- das Klima
- das Komma
- das Magma
- das Plasma
- das Schema
- das Schisma
- das Sperma
- das Stigma
- das Thema
- das Trauma

Pero *die Firma* (porque no proviene de origen griego y es un sinónimo de *die Gesellschaft*)

-acht: die Acht, die Fracht, die Macht, die Pracht, die Jacht/Yacht, die Pacht, die Tracht, die Wacht (haciendo guardia), die Zwietracht (la discordia), die Eintracht (la armonía); pero *der* Verdacht (la sospecha)

-ade: die Arkade, die Akkolade, die Ballade, die Barrikade, die Brigade, die Blockade, die Marmelade, die Fassade, die Dekade, die Eskapade, die Parade, die Gnade, die Gerade, die Kaskade, die Schublade, die Limonade, die Marinade, die Passage, die Schokolade, die Olympiade, die Promenade, die Roulade, die

Serenade, die Tirade

-age: die Garage, die Montage, die Etage, die Spionage, die Persiflage, die Blamage

-anz: die Bausubstanz, die Bilanz, die Brillanz, die Diskrepanz, die Dominanz, die Eleganz, die Instanz, die Toleranz (pero *der Kranz* porque los sustantivos monosílabos tienden a ser masculinos)

-art: algunos sustantivos derivan de *die Art*: die Eigenart, die Gangart, die Sportart, die Tonart

-e: sustantivos que terminan en *-e* son de género femenino en un 90 por ciento de las veces.[44] Los sustantivos con la terminación *-e* son de género femenino si éstos no se refieren a una persona de sexo masculino (*der Junge*) y no comienzan con la sílaba no acentuada *Ge-* (*der Gedanke*). Las excepciones son analizadas a continuación. Los sustantivos que derivan del sufijo *-e* son siempre de género femenino: reden → die Rede, flach → die Fläche. Tenga en cuenta que si se le agrega una *-e* al final del sustantivo significa que ésta se pronuncia, por lo cual automáticamente podemos suponer que también palabras cortas finalizadas en una *-e* deberían tener más de una sílaba. Esto podría ayudar a explicar el porqué las palabras monosílabas son menos probable que sean de género femenino, estadísticamente es más probable que sean de género masculino.

Ejemplos de sustantivos finalizados en *-e*:

die Adresse, die Ameise, die Analyse, die Banane, die Beute, die Biene, die Bitte, die Blume, die Bremse, die Brücke, die Decke, die Diagnose, die Ebbe, die Ecke, die Ehe, die Erde, die Fahne, die Falle, die Farbe, die Flagge, die Fliege, die Flöte, die Frage, die Freude, die Gasse, die Giraffe, die Gitarre, die Grenze, die Hose, die Jacke, die Kanne, die Kante, die Kappe, die Karte, die Kirsche, die Klasse, die Kleie, die Krabbe, die

Kreide, die Krise, die Krücke, die Lampe, die Liebe, die Lippe, die Liste, die Lücke, die Lüge, die Lunge, die Masse, die Matte, die Melone, die Messe, die Minute, die Motte, die Narbe, die Nase, die Nonne, die Oase, die Oboe, die Pause, die Pfanne, die Pflanze, die Pflaume, die Presse, die Rasse, die Ratte, die Reise, die Rolle, die Sache, die Schlange, die Schnecke, die Schokolade, die Schule, die Seele, die Seite, die Sekunde, die Socke, die Sonne, die Sorge, die Spange, die Speise, die Spinne, die Sprache, die Strasse, die Strecke, die Stunde, die Suche, die Summe, die Suppe, die Taille, die Tanne, die Tasse, die Toilette, die Tomate, die Tonne, die Treue, die Trompete, die Vase, die Violine, die Waffe, die Wange, die Wespe, die Wiese, die Wonne, die Zange, die Zecke, die Zelle, die Zinswende, die Zunge

Excepciones: solo un diez por ciento de los sustantivos finalizados en *-e* son de género masculino.[45] Dado que la terminación *-e* no es estadísticamente masculina, a algunos de estos nombres se los llama “sustantivos débiles” (“schwache Nomen”). Una de las alternativas para algunas palabras de este grupo es “die N-Deklination” porque típicamente se les agrega la letra “n” en acusativo, dativo y en el singular del genitivo.

Ejemplos de sustantivos de género masculino terminados en *-e*:

- der Buchstabe
- der Friede
- der Funke
- der Gedanke
- der Junge
- der Name
- der Same
- der Wille

Algunas nacionalidades terminadas en *-e* son de género masculino:

der Afghane, der Baske, der Brite, der Bulgare, der Chinese, der Däne, der Franzose, der Grieche, der Ire, der Kroate, der Kurde, der Mongole, der Pole, der Russe, der Schotte, der Türke

Algunos sustantivos que describen personas/funciones que terminan en *-e* son de género masculino:

- der Angsthase
- der Bote
- der Bube
- der Bursche
- der Erbe (el heredero, la herencia = *das Erbe*)
- der Experte
- der Gatte
- der Gefährte (el acompañante)
- der Heide
- der Insasse
- der Junge
- der Junggeselle
- der Knabe
- der Kollege
- der Kommilitone (el compañero de estudios)
- der Komplize
- der Kunde
- der Laie
- der Neffe
- der Riese
- der Sklave
- der Zeuge

Algunos sustantivos para animales terminados en *-e* son de género masculino:

- der Affe
- der Bulle
- der Drache
- der Hase
- der Falke
- der Löwe
- der Ochse
- der Rabe
- der Schimpanse
- der Welpe (el cachorro – una inusual excepción a la regla de que las cosas pequeñas tienden a ser neutras)

Algunas profesiones que terminan en *-e* son de género masculino:

der Biologe, der Gynäkologe, der Pädagoge, der Soziologe, der Stratege (el estratega)

Un sustantivo frecuentemente utilizado que termina en *-e* que es masculino es *der Käse*. Proviene del latín de la palabra para queso, "caseus", es masculino y ha sido importada al alemán después de ya poseer una palabra de género masculino para describir al queso suave, *der Quark*.

Menos de un uno por ciento de los sustantivos terminados en *-e* es de género neutro:[46]

- das Auge
- das Ende
- das Erbe (la herencia, el legado, el heredero = *der Erbe*)
- das Finale (del italiano)

- das Genre (palabra importada del francés, lo que tiende a ser neutro)
- das Image (del francés)
- das Interesse (de origen latino, lo que lo convierte en neutro)
- das Karate (tipos de deportes tienden a ser neutros)
- das Konklave (de origen latino, tiende a ser neutro, este sustantivo está en la misma categoría del género neutro que *das Gemach*, la habitación)
- das Prestige (del francés)
- das Prozedere (del italiano)
- das Regime (del francés)

Sustantivos finalizados en -*e*, pero que comienzan con *Ge*- (lo que los convierte en neutros):

- das Gebäude
- das Gebirge
- das Gefrage
- das Gemälde

Los sustantivos derivados de adjetivos que los convierten en género neutro: das Gute, das Böse

-ee:

- die Allee (sinónimo de *die Strasse*)
- die Armee (sinónimo de *die Wehrmacht*, *die Wehr*, *die Bundeswehr*, *die Abwehr*, de los cuales deviene *die Feuerwehr*)
- die Fee
- die Idee
- die Matinee
- die Moschee
- die Odyssee

- die Orchidee
- die Soiree
- die Tournee

Tenemos además el sustantivo importante *die See* (el mar); éste se convierte en el lago cuando se le antepone el artículo masculino, porque aguas continentales son de género masculino: *der See*. Tenga en cuenta que en alemán existen varias palabras para definir al mar, cada una con un género diferente: *die See* (el mar), *das Meer* y *der Ozean* (el océano: el verdadero gran mar entre continentes). Por lo tanto, el mar es lo suficientemente poderoso para violar la Regla 1: las categorías de elementos similares tienden a llevar un género similar.

Excepciones de género neutro (frecuentemente son palabras importadas, las que tienden a ser neutras):

- das Exposee/Exposé
- das Frisbee
- das Kanapee
- das Klischee
- das Komitee
- das Kommunikee
- das Negligee
- das Püree
- das Renommee
- das Resümee
- das Soufflee

-ei/-erei: si el sustantivo ha sido conformado por otro sustantivo o con el agregado de *-erei*, entonces es siempre femenino

- die Angeberei (la jactancia)
- die Aufschneiderei (el fanfarrón)
- die Augenwischerei (la patraña)
- die Bäckerei (la panadería)

- die Bauernfängerei (la estafa)
- die Beisserei (la mordida de alfombras)
- die Bergsteigerei (el montañismo)
- die Betrügerei (el fraude)
- die Bildhauerei (la escultura)
- die Brandmalerei (el pirograbado)
- die Brauerei (la cervecería)
- die Brennerei (la destilería)
- die Bücherei (la librería)
- die Druckerei (la imprenta)
- die Duzerei (el tuteo)
- die Effekthascherei (la teatralidad)
- die Faulenzerei (la pereza)
- die Feinbäckerei (la confitería)
- die Fischerei (la pesquera)
- die Fleischerei (la carnicería)
- die Flickerei (la compostura de calzado)
- die Fliegerei (la aviación)
- die Flunkerei (el embuste)
- die Försterei (la casa forestal)
- die Freibeuterei (la piratería)
- die Freimaurerei (la masonería)
- die Gaunerei (la estafa)
- die Geheimniskrämerei (el secretismo)
- die Geheimnistuerei (la cultura del secreto)
- die Geheimtuerei (la colusión en secreto)
- die Gerberei (la curtiembre)
- die Giesserei (la fundición)
- die Gleichmacherei (el igualitarismo)
- die Haarspalterei (la sutileza)
- die Hehlerei (el encubrimiento)
- die Heimlichtuerei (el secretismo)
- die Hellseherei (la clarividencia)
- die Hexerei (la brujería)

- die Imkerei (la apicultura)
- die Jägerei (la caza)
- die Kaffeerösterei (la planta tostadora de café)
- die Käserei (la fábrica de queso)
- die Kellerei (el productor de vino)
- die Ketzerei (la herejía)
- die Kinderei (el infantilismo)
- die Klempnerei (la fontanería)
- die Kletterei (el montañismo)
- die Knallerei (el tiroteo)
- die Küsserei (el besuqueo)
- die Landstreicherei (el vagabundeo)
- die Lautmalerei (el onomatopeyismo)
- die Leichenfledderei (el robo a gente muerta)
- die Liebedienerei (la adulación)
- die Liebhaberei (la afición)
- die Lügerei (la mentira)
- die Malerei (la pintada)
- die Massenschlägerei (la pelea masiva)
- die Metzgerei (la carnicería)
- die Meuterei (el amotinamiento)
- die Molkerei (la lechería)
- die Rechthaberei (el ergotismo)
- die Reederei (la compañía naviera)
- die Schlamperei (la desidia)
- die Schlemmerei (la glotonería)
- die Schönfärberei (la idealización)
- die Schreinerei (la carpintería)
- die Schufterei (la faena)
- die Schurkerei (la picardía)
- die Schwarzmalerei (mirar la copa medio vacía)
- die Schweinerei (la porquería)
- die Seeräuberei (la piratería)
- die Sklaverei (la esclavitud)

- die Vereinsmeierei (manía de formar parte de asociaciones)
- die Vielweiberei (la poligamia)
- die Völlerei (la gula)
- die Waffenmeisterei (el arsenal)
- die Wahrsagerei (el sortilegio)
- die Weberei (la tejeduría)
- die Wichtigtuerei (la pomposidad)
- die Wilddieberei (la caza furtiva)
- die Wortklauberei (la crítica verbal)
- die Zahlenspielerei (los juegos con números)
- die Zauberei (la magia)
- die Zuhälterei (el proxenetismo)
- die Zuträgerei (la soplonería)

Los sustantivos de género femenino que terminan en *-ei* pero no en *-erei*: die Abtei, die Anwaltskanzlei, die Arznei, die Bastelei, die Bettelei, die Bummelei, die Bundeskriminal-polizei, die Bundespartei, die Detektei, die Polizei, die Kanzlei, die Partei

Excepciones, sustantivos de género neutro que terminan en *-ei*: das Ei, das Geschrei (comienzan con *Ge-*, tienden a ser neutros)

Excepciones, sustantivos de género masculino que finalizan en *-ei*: der Papagei (los pájaros grandes tienden a ser masculinos), der Schrei (una palabra monosílaba que es el sinónimo de *Ruf*, *der Hilferuf*)

-enz: die Intelligenz, die Konsequenz, die Existenz, die Tendenz, die Frequenz

-falt: die Vielfalt, die Sorgfalt

-grafie/graphie: die Biografie, die Orthografie

-heit: die Dummheit, die Freiheit, die Gesundheit, die Sicherheit die Wahrheit (pero *das Fahrenheit*, porque las unidades de medición de temperatura tienden a ser de género neutro[47])

-icht: dado que *Sicht* es femenino, existen varios sustantivos femeninos con esta raíz (tenga en cuenta que coinciden con la categoría femenina de “sabiduría y conocimiento”)

- die Sicht
- die Absicht (la intención)
- die Ansicht (la opinión)
- die Aufsicht (la supervisión)
- die Aussicht (la vista/el panorama)
- die Einsicht (el acceso interno)
- die Hinsicht (el respeto)
- die Nachsicht (la paciencia)
- die Übersicht (la visión general)
- die Vorsicht (la cautela)

En esta categoría de sustantivos de género femenino encontramos también *die Gicht* (la gota), *die Nachricht*, *die Pflicht*, *die Schicht* (la capa/el estrato/el turno)

Dado que los sustantivos que comienzan con *Ge-* tienden a ser neutros, tenemos:

- das Gedicht
- das Gericht
- das Gesicht
- das Gewicht

Otros sustantivos de género neutro con dicha terminación incluyen a *das Licht*, y sus muchos derivados incluyendo a *das Zwielicht* (el crepúsculo).

Sustantivos de género masculino con la terminación *-icht* incluyen:

- der Bericht (el reporte, el cual está relacionado con *der Unterricht* (la enseñanza/la educación, que solía tener un carácter más masculino en la antigüedad)
- der Bösewicht (el villano)
- der Habicht (el halcón)
- der Verzicht (la renuncia)
- der Wicht (el malandrín)

-ie: los sustantivos terminados en *-ie* son de género femenino en un 95 por ciento de las veces:[48] die Biologie, die Demokratie, die Diplomatie, die Familie, die Magie, die Melodie, die Monotonie, die Philosophie, die Psychologie, die Studie

Excepciones (sustantivos de género masculino que terminan en *-ie* están típicamente relacionados a personas): der Hippie, der Junkie

Excepciones (los sustantivos de género neutro terminados en *-ie* que están típicamente relacionados con objetos inanimados o con una categoría general o con palabras que comienzan en *Ge-*): das Knie, das Genie, das Selfie.

-ik: die Musik, die Politik, die Physik, die Klassik, die Gotik, die Romantik, die Kritik, die Logik, die Ethik, die Symbolik, die Mechanik (excepción de género neutro: das Mosaik, misma categoría que *das Bild*)

-in: die Ärztin, die Studentin, die Doktrin

Excepciones (los sustantivos de género masculino que terminan en *-in*):

- der Cousin (el primo, igual que en *der Vetter*)
- der Delphin (los peces tienden a ser de género masculino)
- der Harlekin (el arlequín)

- der Kamin (la chimenea, igual que en *der Schornstein*)
- der Rosmarin (especias tienden a ser de género masculino)
- der Termin (del latín, *der Grenzstein*, también quiere decir *der Zeitpunkt*)
- der Urin (porque los productos desechables tienden a ser de género masculino, la palabra original también era de género masculino: der Harn)

Excepciones (los sustantivos de género neutro terminados en *-in*; generalmente sustancias químicas):

- das Adrenalin
- das Benzin
- das Cholesterin
- das Hämoglobin
- das Heroin
- das Insulin
- das Toxin

-itis/-tis: términos médicos como die Appendizitis, die Arthritis, die Gastroenteritis, die Konjunktivitis, die Meningitis, die Parodontitis, die Sinusitis (también dos continentes son de género femenino: die Arktis, die Antarktis)

-keit: die Möglichkeit, die Schnelligkeit, die Schwierigkeit, die Unzulänglichkeit (la deficiencia)

-logie: die Biologie, die Meteorologie

-t: sustantivos terminados en *-t* que derivan de verbos

- die Ankunft (ankommen)
- die Arbeit (arbeiten)
- die Fahrt (fahren)

- die Geburt (gebären)
- die Haft (haften)
- die Schrift (schreiben)
- die Sicht (sehen)
- die Tat (tun)

Algunos sustantivos monosílabos de género femenino que terminan en *-t*:

- die Faust (el puño, de la misma categoría que *die Hand*)
- die Flut (igual categoría femenina que en *die Strömung*, *die Überschwemmung*, *die Ebbe*, *die Wassermasse*)
- die Frist (el límite de tiempo, muchos sustantivos que se refieren a la hora y a los límites son de género femenino)
- die Front (misma categoría femenina que en *die Vorderseite*, *die Gefechtslinie*)
- die Haft (misma categoría que en *die Gefangenschaft*, *die Beschlagnahme*, *die Gefangennahme*, *die Fesselung*)
- die Haut (misma categoría que en *die Schale*, *die Umhüllung*)
- die Not (misma categoría que en *die Schwierigkeit*, *die Bedrängnis*)
- die Pest (de *die Pestilenz*, misma categoría que en *die Epidemie*, *die Plage*, *die Seuche*, *die Qual*)
- die Welt (misma categoría que en *die Erde*, *die Erdkugel*)
- die Wut (misma categoría que *die Raserei*, *die Erregung*)

Excepciones (género neutro): das Blut (la sangre), das Fett (sustantivos que terminan en *-ett* tienden a ser de género neutro)

das Nest (misma categoría del género neutro que *das Heim*, *das Bett*)

Excepciones (género masculino): der Geist (lo que hace a las tres personas de la Trinidad de género masculino: der Vater, der Sohn und der Heilige Geist); der Test, der Rest

-ft: sustantivos que acaban con *-ft* son en la mayoría de los casos de género femenino: die Haft, die Kraft, die Luft, die Vernunft; dado que palabras que comienzan con *G-* tienden a ser de género neutro, no es de sorprender que una da las excepciones sea *das Gift*

-cht: sustantivos que acaban con *-cht* son de género femenino en un 64 por ciento de las veces[49]

- die Absicht (la intención)
- die Acht (los números son de género femenino)
- die Bucht (la bahía)
- die Drogensucht (la adicción a las drogas)
- die Eifersucht (los celos)
- die Eintracht (la armonía)
- die Fettsucht (la obesidad)
- die Fracht (la carga)
- die Gefallsucht (la coquetería)
- die Gelbsucht (la ictericia)
- die Gewinnsucht (el lucro)
- die Habsucht (la codicia)
- die Ichsucht (el egoísmo)
- die Macht (el poder)
- die Magersucht (la anorexia)
- die Nacht (la noche; categoría similar a *die Dunkelheit*, *die Finsternis*, *die Düsterkeit*)
- die Pflicht (el deber)
- die Pracht (el esplendor, la magnificencia)

- die Sehnsucht (el anhelo)
- die Selbstsucht (el ser egoísta)
- die Sicht (la vista, la perspectiva)
- die Spielsucht (adicción al juego)
- die Streitsucht (el peleón/el pleitista)
- die Sucht (la adicción)
- die Tobsucht (el frenesí)
- die Trunksucht (el alcoholismo)
- die Wassersucht (la hidropesía)

Sustantivos que acaban con *-cht* son de género masculino en un 22 por ciento de las veces, relacionados en su mayoría con personas: der Wicht

Sustantivos que finalizan con *-cht* son de género neutro en un 15 por ciento de las veces, especialmente en los casos en los cuales el sustantivo se refiere a objetos inanimados y/o comienzan con *Ge-*: das Gesicht (la cara)

-orm: die Form (también como en die Anredeform, die Plattform, die Reform, die Staatsform, die Uniform), die Norm

-tät: die Aktivität, die Elektrizität, die Identität, die Integrität, die Kapazität, die Lokalität, die Majestät, die Marktvolatilität, die Nationalität, die Pietät, die Priorität, die Qualität, die Universität

-thek: die Bibliothek, die Diskothek

-tion, -sion, -gion, -xion, -lion, -nion: die Nation, die Mission, die Religion, die Reflexion, die Million, die Union, die Diskussion, die Koalition, die Situation, die Funktion

-schaft:

- die Botschaft (la embajada/la representación)

- die Bruderschaft (la fraternidad/la hermandad)
- die Eigenschaft (la propiedad)
- die Freundschaft (la amistad)
- die Genossenschaft (la cooperativa)
- die Gesellschaft (la sociedad)
- die Hiobsbotschaft (las malas noticias)
- die Herrschaft (la dominación)
- die Mannschaft (el equipo/la tripulación)
- die Seilschaft (la cordada)
- die Wirtschaft

-sis: die Basis, die Dosis, die Genesis, die Katharsis, die Skepsis

-ung: sustantivos que acaban con *-ung*, especialmente si tienen más de una sílaba, son muy probablemente de género femenino

- die Abteilung
- die Abwägung (die Kosten-Nutzen-Abwägung)
- die Anlegerstimmung
- die Bedeutung
- die Bedingung
- die Beobachtung
- die Beratung
- die Bewegung
- die Beziehung
- die Bildung
- die Einführung
- die Endung
- die Erfahrung
- die Erfindung
- die Erklärung
- die Erzählung
- die Erziehung
- die Forschung

- die Handlung
- die Landung
- die Leistung
- die Leitung
- die Lösung
- die Neigung
- die Öffnung
- die Ordnung
- die Prüfung
- die Regierung
- die Rettung
- die Richtung
- die Sammlung
- die Sendung
- die Siedlung
- die Spannung
- die Stimmung
- die Übung
- die Veränderung
- die Verbindung
- die Verfolgung
- die Verletzung
- die Vorlesung
- die Währung
- die Warnung
- die Werbung
- die Wirkung
- die Wohnung
- die Zeichnung
- die Zeitung

Excepciones monosílabas a la regla *-ung*, porque la mayoría de las palabras monosílabas tienden a ser de género masculino:

- der Dung
- der Schwung
- der Sprung

-ur: (pero no *-eur*[50]) sustantivos que finalizan con *-ur* o *-ür* son de género femenino en un 93 por ciento de las veces[51]

- die Agentur
- die Armatur (la adecuación)
- die Frisur
- die Glasur
- die Kultur
- die Literatur
- die Natur
- die Reparatur
- die Spur
- die Tastatur
- die Temperatur

Excepciones (género masculino en un 5 por ciento de las veces): der Merkur (Mercurio, misma categoría que *der Mars*, *der Saturn*, *der Jupiter* y *der Neptun*)

Excepciones (género neutro, alrededor de un 2 por ciento de las veces): das Abitur (importado del latín *Abiturium*)

-ür: die Tür, die Willkür (pero *das* Gespür porque los sustantivos que comienzan con *Ge-* tienden a ser de género neutro)

Das: las reglas de los sustantivos de género neutro

Regla 1: Las Categorías

Las referencias relacionadas con cosas o colecciones de cosas inanimadas que pertenecen a las categorías de niveles superiores o de primer orden son a menudo de género neutro (observe la esquemática representación de este principio en el Gráfico Nr. 1 de la introducción)**:**

- das All/das Universum: el universo es neutro; muchos de sus componentes poseen los tres géneros
- das Alter/das Altertum/das Altsein
- das Besteck: der Löffel, die Gabel, das Messer
- das Ding
- das Erzeugnis: das Glaserzeugnis
- das Fleisch
- das Gerät
- das Gesicht: der Mund, die Nase, das Ohr
- das Geflügel (aves de corral): der Hahn, die Henne, das Küken
- das Getränk: der Wein, der Saft
- das Gewürz: der Pfeffer, das Salz
- das Gut: das Massengut, das Kulturgut, das Landgut
- das Insekt
- das Instrument
- das Kleid: das Abendkleid, das Brautkleid
- das Mahl: das Essen
- das Mehl
- das Material

- das Obst
- das Pferd
- das Produkt: das Agrarprodukt, das Industrieprodukt
- das Rind: der Bulle, die Kuh, das Kälbchen
- das Schiff/das Boot
- das Tier
- das Wild
- das Wort
- das Zeug: das Werkzeug

Las letras del alfabeto: das A, das B, incluyendo das Eszett (la letra ß)

Las lenguas son por lo general de género neutro: das Deutsch, das Englisch, das Latein

Algunos términos gramaticales o partes de discurso: das Adjektiv, das Attribut, das Futur (el tiempo futuro), das Perfekt (el tiempo perfecto), das Präfix, das Präteritum (el tiempo pasado), das Nomen, das Substantiv, das Suffix, das Verb, das Wort, das Komma

Excepciones: casos gramaticales, porque forman parte de la categoría de género masculino "caso": *der Kasus, der Fall* (*der Nominativ, der Akkusativ, der Dativ, der Infinitiv, der Superlativ*)

Sustantivos que derivan de infinitivos: das Essen, das Schreiben, das Laufen, das Schwimmen

Sustantivos que derivan de adjetivos (sin referirse a una persona u objeto específico)**:** das Gute, das Böse, das Schöne, das Ungeheure (lo enorme, lo vasto, lo inmenso), das Neue, das Gleiche, das Ganze

Colores: das Blau, das Rot, das Gelb, das Hellgrün, das

Dunkelbraun, das Lila/das Violett (observe que algunos colores tienen el mismo nombre que otro objeto con el mismo nombre, por ejemplo: el color turquesa, *das Türkis*, es verde azulado y proviene del nombre de una piedra preciosa *der Türkis*)

Nombres de continentes, países, regiones, ciudades y valles son de género neutro en una gran mayoría de las veces. Por lo general la identificación con el género neutro "*da*s" no se coloca delante del nombre de un país o una ciudad, pero es relevante en algunos casos, por ejemplo: "Das heutige Italien hat Wirtschaftsprobleme." Los países con la terminación *-ien*, *-land*, *-reich* o *-stan* son siempre de género neutro. Por ejemplo: Italien, Spanien, Deutschland, England, Österreich, Frankreich, Vereinigtes Königreich, Afghanistan, Pakistan.

A diferencia del caso de los países de género neutro, se coloca siempre el artículo definido masculino y femenino para los países de dichos géneros:

- Países con nombres de género femenino: die Schweiz, die Slowakei, die Türkei, die Mongolei, die Ukraine

- Países con nombres de género masculino: der Irak, der Iran, der Jemen, der Senegal, der Sudan, der Südsudan, der Niger, der Vatikan

Por alguna razón inexplicable, el nuevo estado de Kosovo tiene ambos géneros, masculino y neutro.[52]

Asimismo, el nombre para "ciudad" (*die Stadt*) es de género femenino, la categoría "nombre de ciudad", es de género neutro. Así como en el ejemplo de los países de género neutro citado anteriormente, este género neutro solo se revela con la ayuda de un adjetivo: *das* geteilte Berlin. Esta categoría del neutro (Regla 1) es suficientemente poderosa como para invalidar el género implícito en la terminación del sustantivo (Regla 2). Por ejemplo, es "*das* mittelalterliche Hamburg", mismo cuando la terminación *-burg* sería de género femenino: *die* Burg (proviene de *die Festung*, *die Stadt*).

Cuando se trata de continentes el principio es similar. El sustantivo para continente es de género masculino: *der Kontinent*, sinónimo de *der Erdteil* (un área vasta de tierra). Sin embargo, cuando nombramos de forma individual a los continentes, ellos poseen su propio género. *Arktis* y *Antarktis* son de género femenino, mientras que *Afrika*, *Amerika*, *Asien*, *Europa* y *Ozeanien* son de género neutro. La manera en la cual se revela el género neutro de un sustantivo es con la ayuda del adjetivo: "*das* ferne Asien" o "*das* alte Europa". Solamente en el caso de continentes de género femenino se utiliza el artículo definido: "Wir besuchen *die* Arktis."

El mismo principio aplicaría a islas. El sustantivo para isla es de género femenino (*die Insel*), no obstante, el nombre de islas, especialmente si son continentes tienden a ser de género neutro: *das* schöne Mauritius, *das* kommunistische Kuba.

- **El ser humano y los animales cachorros:**[53] das Baby, das Kind, das Kalb, das Kälbchen, das Ferkel, das Küken, das Lamm

- **Diminutivos** (*-chen*, *-lein*, and their dialect forms: *-le*, *-erl*, *-el*, *-li*)**:** das Kaninchen, das Fräulein, das Aschenbrödel; Haus → das Häuschen, das Häuslein

- **Piezas y pequeñas partículas:** das Stück, das Teil, das Atom, das Molekül, das Elektron, das Neutron, das Gen

- **La casi mayoría de los 112 elementos conocidos de la tabla periódica:** das Aluminium, das Kupfer, das Uran (seis excepciones: der Kohlenstoff, der Sauerstoff, der Stickstoff, der Wasserstoff, der Phosphor, der Schwefel)

- **Nombres de metales:** das Blei, das Messing, das Zinn (excepciones: las aleaciones como en *die Bronze, der Stahl*)

- **Materiales:** das Glas, das Holz

- **Fuego y agua:** das Feuer, das Wasser

- **Pasto:** das Gras, das Haschisch, das Marihuana, das Heu, das Viehfutter, das Kraut, das Unkraut (hierba)

- **Unidades de medida de física:** das Ampere, das Ohm, das Watt, das Volt, das Newton

- **Unidades de medida de temperatura:** das Celsius, das Fahrenheit, das Kelvin

- **Unidades de peso:** das Gewicht, das Pfund, das Kilogramm (a menos que el sustantivo acabe en la terminación de género femenino *-e*: *die Tonne, die Unze*)

- **Tonos musicales:** das Dur (la clave mayor), das Moll (la clave menor)

    - Algunos escenarios musicales: das Konzert, das Orchester, das Theater, das Ballett (sin embargo *die* Oper, *die* Band)

    - Algunos instrumentos musicales que no terminan con *-e*: das Cello, das Cembalo, das Klavier, das Piano

- **Fracciones:** das Drittel ($^1/_3$), das Viertel ($^1/_4$), das Quartal (excepción: die Hälfte); $^1/_{20}$ → das Zwanzigstel (Los suizos están en desacuerdo y clasifican a todas las fracciones que acaban con *-tel* como de género masculino)

- **Libros/papel/minutas/escritos:** das Wort, das Buch, das Papier, das Blatt, das Dokument, das Protokoll, das Kapitel

- **Tipos de deportes y juegos:**

  - das Aerobic
  - das Backgammon
  - das Badminton
  - das Bowling
  - das Golf
  - das Hockey
  - das Jogging
  - das Karate
  - das Pilates
  - das Poker
  - das Schach (el ajedrez)
  - das Schwimmen
  - das Squash
  - das Tennis
  - das Turnen (la gimnasia)
  - das Yoga

  Excepciones: sustantivos compuestos que acaban con *der Ball*, como en *der Fussball*, o terminando con *der Sport*, como en *der Motorsport*

- **Medicina:** das Medikament/das Heilmittel/das Arzneimittel → das Aspirin (nombre genérico)

- **Detergentes:** das Waschmittel → das Ariel, das Omo, das Vim, das Persil

- **Nombres de hoteles, cafés, clubes, teatros, cines:** das Hilton, das Odeon

- **Palabras extranjeras** importadas al alemán tienden a devenir en género neutro como en *das Know-how*. Las excepciones tienden a ocurrir cuando los alemanes ya poseen un sustantivo con otro género para la misma palabra Por ejemplo: *die Holding*, generado en *die Firma/die Gesellschaft*.

Regla 2: Los sonidos

-aar: das Haar, das Paar, pero *die Saar*, un río en Europa (Regla 1, categorías)

-är: das Militär, das Salär

-al:

- das Denkmal
- das Festival
- das Ideal
- das Kapital
- das Lokal
- das Oval
- das Pedal
- das Personal
- das Portal
- das Schicksal
- das Signal
- das Spital
- das Tal

Excepciones: die Moral (similar a *die Ethik*, *die Sittlichkeit*), der Karneval (similar a *der Fasching*), der Schal, der Kanal (similar a *der Wasserlauf*, *der Wasserweg*, *der Sund*)

-at:

- das Aggregat (la unidad)
- das Attentat

- das Dekanat (el decanato)
- das Derivat
- das Destillat
- das Diktat
- das Dirigat
- das Duplikat
- das Emirat
- das Exponat (la exhibición)
- das Fabrikat (el producto manufacturado)
- das Filtrat
- das Format
- das Implantat (el implante)
- das Inserat (el anuncio)
- das Internat (el internado)
- das Kalifat
- das Kondensat
- das Konglomerat
- das Konkordat
- das Konsulat
- das Korrelat
- das Laminat
- das Lektorat (el lectorado)
- das Mandat
- das Nitrat
- das Opiat
- das Phosphat
- das Plagiat
- das Plakat
- das Postulat
- das Proletariat/das Lumpenproletariat
- das Protektorat
- das Quadrat
- das Referat
- das Rektorat

- das Syndikat
- das Unikat (el ejemplar único)
- das Zertifikat
- das Zitat

Excepciones de género masculino en la categoría *-at* tienden a ser sustantivos que se refieren a una persona de sexo masculino, con dicha profesión o función. Si el sustantivo se refiere a una mujer en dicho rol entonces se le adhiere la terminación *-in*:

- der Advokat
- der Akrobat
- der Aristokrat
- der Bürokrat
- der Demokrat
- der Diplomat
- der Pirat
- der Renegat
- der Soldat

o sustantivos que se refieren a máquinas, equipamientos, herramientas:

- der Apparat
- der Automat
- der Thermostat

Numerosas palabras derivan del sustantivo *der Rat* (en el pasado se refería a todo tipo de aprovisionamiento, hoy significa consejo, aviso), como *der Beirat* (el consejo asesor), *der Sicherheitsrat* (el consejo de seguridad), lo que nos explicaría el género masculino de *der Senat* (el senado, el consejo de los mayores); otros sustantivos de género masculino en esta categoría incluyen a *der Hausrat* (el amoblamiento de la casa), *der Vorrat* (las provisiones, suministros), y *der Verrat* (la traición, el engaño, lo que sería lo opuesto al aprovisionamiento honesto).

Excepciones de género femenino incluyen a los sustantivos que se asocian con las categorías femeninas, por ejemplo: *die Kumquat* (naranja china; las frutas tienden a ser de género femenino), *die Tat* (la misma categoría que *die Aktion*, *die Handlung*), *die Zutat* (el ingrediente; porque la raíz sustantiva Tat es de género femenino), *die Heimat* (el lugar de pertenencia, el hogar, el lugar de origen) y *die Heirat* (el casamiento; este sería otra clase de aprovisionamiento para el hogar, pertenece también a la misma categoría femenina que otras palabras relacionadas con casamiento como: *die Ehe*, *die Eheschliessung*, *die Hochzeit*, *die Trauung*, *die Verheiratung*).

-bot:

- das Angebot (la oferta)
- das Aufgebot (la amonestación)
- das Ausgehverbot (la prohibición de salida)
- das Gebot (el mandamiento)
- das Überangebot (el excedente)

-eil: das Seil, das Urteil, das Gegenteil

Das Teil (*loses Stück*/una pieza suelta): das Puzzleteil, das Ersatzteil, das Einzelteil, das Oberteil, das Plastikteil, das Wrackteil

Der Teil (*Teil eines Ganzen*/una parte de un entero): der Erdteil, der Landesteil, der Stadtteil, der Elternteil (el progenitor), der Bestandteil, der (vordere/hintere) Zugteil, der Mittelteil (como en la parte media del libro)

-em: los sustantivos que acaban con *-em* y se acentúan en la última sílaba son a menudo palabras importadas (de origen griego), las que cuales tienden a ser de género neutro

- das Diadem
- das Ekzem
- das Emblem
- das Extrem
- das Ödem
- das Phonem
- das Problem
- das System
- das Theorem

Asimismo, los siguientes sustantivos en los que se acentúan las primeras sílabas son de género neutro: das Modem, das Requiem, das Totem, das Tandem (la bicicleta con dos asientos)

Sin embargo, los siguientes sustantivos en los que se acentúan las primeras sílabas son de género masculino: der Atem, der Harem, der Moslem.

-ett: sustantivos que acaban con *-ett* son de género neutro en un 95 por ciento de las veces[54]

- das Bajonett
- das Bankett
- das Ballett
- das Billett
- das Brikett
- das Kabinett
- das Büffett
- das Bukett
- das Duett
- das Eszett (la letra ß)
- das Etikett
- das Flageolett
- das Florett

- das Flötenquartett
- das Flussbett
- das Inlett
- das Jackett
- das Kabarett
- das Kabriolett
- das Klosett
- das Kornett
- das Körperfett
- das Korsett
- das Kotelett
- das Kriegskabinett
- das Lazarett
- das Menuett
- das Minarett
- das Oktett
- das Omelett
- das Parkett
- das Quartett
- das Rechenbrett
- das Reissbrett
- das Roulett
- das Schachbrett
- das Servierbrett
- das Sextett
- das Skelett
- das Sonett
- das Spinett
- das Sprungbrett
- das Stilett
- das Surfbrett
- das Tablett
- das Violett
- das Zeichenbrett

-euer: das Feuer, das Abenteuer, das Ungeheuer.

-fon/-phon: das Telefon, das Mikrophon, das Megaphon, das Grammophon, das Saxofon/Saxophon, das Xylofon/Xylophon

Ge-: los sustantivos que comienzan con la sílaba no acentuada *Ge-* y no se refieren a una persona son generalmente de género neutro como *das Gehirn* (el cerebro). También sustantivos que se crean a partir de *Ge-* + raíz verbal + *-e* son siempre de género neutro: fragen → das Gefrage (la pregunta), bauen → das Gebäude, malen → das Gemälde, así como la mayoría de los sustantivos que son construidos de esta manera, de nombres cercanos relacionados, como *Berge → das Gebirge*

- das Gebäck
- das Gebäude
- das Gebell
- das Gebet
- das Gebiet
- das Gebirge
- das Gebiss (la dentadura)
- das Gedächtnis
- das Gedicht
- das Gefäss
- das Gefühl
- das Gehäuse
- das Geheimnis
- das Geheiss (das Gebot, la petición)
- das Gehirn
- das Gejaule (el aullido)
- das Gelaber (la palabrería)
- das Gelächter (la risa)
- das Gelage (la fiesta)
- das Gelände

- das Gelenk (la articulación)
- das Gemälde (la pintura)
- das Gemäuer (la masonería, las ruinas)
- das Gemenge
- das Gemetzel (el baño de sangre, la masacre)
- das Gemüse
- das Gemüt (la disposición, el ánimo)
- das Genick
- das Gepäck
- das Gerangel (la disputa)
- das Gerät
- das Geräusch
- das Gerede
- das Gericht
- das Gerinnsel
- das Gerippe
- das Geröll
- das Gerücht
- das Gerümpel
- das Gerüst
- das Gesäss
- das Geschäft
- das Geschehen
- das Geschenk
- das Geschick
- das Geschirr
- das Geschlecht
- das Geschöpf
- das Geschoss
- das Geschrei
- das Geschütz
- das Geschwader
- das Geschwätz
- das Geschwür

- das Gesetz
- das Gesicht
- das Gesindel
- das Gespenst
- das Gespräch
- das Gespür
- das Gestein
- das Gestell
- das Gestirn
- das Gestrüpp
- das Gestüt
- das Gesuch
- das Getöse (el estruendo)
- das Getränk
- das Getreide
- das Getue
- das Gewächs
- das Gewand
- das Gewässer
- das Gewebe
- das Gewehr
- das Geweih
- das Gewerbe
- das Gewicht
- das Gewieher (la risa de caballo)
- das Gewinde (la rosca del tornillo)
- das Gewirr
- das Gewissen
- das Gewitter
- das Gewölbe
- das Gewühl
- das Gewürz

Excepciones: Los sustantivos de género masculino que

comienzan con *Ge-* tienden a ser más abstractos que los sustantivos de género neutro que comienzan con *Ge-*:

- der Gebrauch
- der Gedanke
- der Genuss
- der Geruch
- der Gesang
- der Geschmack
- der Gestank
- der Gewinn

Los sustantivos de género femenino que comienzan con *Ge-* tienden también a ser más abstractos que los sustantivos de género neutro que comienzan con *Ge-*:

- die Gebärde (los gestos, los movimientos tienden a ser de género femenino)
- die Gebühr (la cuota, tasa, pagos e impuestos son de género femenino)
- die Geburt
- die Geduld
- die Gefahr
- die Gemeinde
- die Geschichte (la historia, las acciones de narrar cuentos y discursar, conversar son de género femenino)
- die Gestalt (la forma, la figura)
- die Gewähr (la garantía)
- die Gewalt (la fuerza, autoridad o violencia)

-gramm:

- das Anagramm
- das Autogramm

- das Diagramm
- das Hologramm
- das Kilogramm
- das Milligramm
- das Mikrogramm
- das Monogramm
- das Programm
- das Parallelogramm
- das Seismogramm
- das Telegramm

-ial: das Material, das Potenzial

-iel:

- das Beispiel (el ejemplo)
- das Endspiel (los finales)
- das Glücksspiel (el juego de la suerte)
- das Lustspiel (la comedia)
- das Spiel (el juego)
- das Trauerspiel (la tragedia)
- das Ziel (la meta)

-ier: sustantivos que acaban con *-ier* son de género neutro en un 60 por ciento de las veces, masculino en un 30 por ciento y femenino en un 10 por ciento[55]

Cuando un sustantivo que acaba con *-ier* no hace referencia a personas, como *der Australier*, *der Bankier*, *der Brigadier*, o se refiere a tipos específicos de animales como *der Dinosaurier*, *der Stier*, *der Yorkshireterrier*, sino a cosas inanimadas o que pertenecen a un nivel superior de la categoría, entonces la terminación *-ier* usualmente indica un sustantivo neutro:

- das Atelier (el taller)

- das Bier
- das Elixier
- das Klavier
- das Metier (el oficio)
- das Papier
- das Quartier
- das Tier
- das Turnier (el torneo)
- das Visier (el visor)

Dado que el género femenino tiende a ser el género utilizado por defecto para los sustantivos abstractos, esto explicaría *die Gier* (la codicia). Otro sustantivo, poco común de género femenino, con la terminación *-ier* es *die Feier* (la celebración).

-ing: sustantivos importados del inglés que acaban con *-ing* son con frecuencia de género neutro

- das Babysitting
- das Bodybuilding
- das Bowling
- das Brainstorming
- das Branding
- das Camping
- das Controlling
- das Desktoppublishing
- das Dribbling
- das Doping
- das Dressing
- das Jogging
- das Lobbying
- das Marketing
- das Mobbing
- das Recycling
- das Stalking

- das Training

Excepciones: cuando sustantivos similares o terminaciones de sustantivos ya existen en alemán, entonces toman estos típicamente el género de la palabra ya existente:

Sustantivos de género femenino que acaban con *-ing*:

- die Holding (misma categoría que *die Firma*, *die Gesellschaft*)

Sustantivos de género masculino que acaban con *-ing*:

- der Boxring (es de género masculino por su terminación: *der Ring* y por un sinónimo ya existente en alemán: *der Kampfplatz*)

-ip: das Prinzip (y sus numerosas formas compuestas: das Autoritätsprinzip, das Einteilungsprinzip, das Fertigungsprinzip, das Grundprinzip, das Kausalprinzip, das Lebensprinzip, das Leistungsprinzip, das Leitungsprinzip, das Majoritätsprinzip, das Moralprinzip, das Nützlichkeitsprinzip, das Ordnungsprinzip, das Prioritätsprinzip, das Relativitätsprinzip, das Sparsamkeitsprinzip)

-iv:

- das Additiv
- das Adjektiv
- das Archiv
- das Leitmotiv
- das Motiv
- das Präservativ

Excepciones: casos gramaticales, porque pertenecen a la categoría *der Kasus*, *der Fall*: der Nominativ, der Akkusativ, der Dativ, der Infinitiv, der Superlativ

-lein: (estos diminutivos tienden a aparecer con un lenguaje más pintoresco) das Bächlein, das Büchlein, das Fräulein, das Gänslein, das Knäblein, das Krüglein, das Männlein, das Scherflein, das Stiftsfräulein, das Stündlein, das Vöglein, das Zicklein, das Zünglein

-ld: das Bild, das Geld, das Gold, das Umfeld, das Spielfeld, das Erdölfeld, das Mittelfeld, das Spannungsfeld, das Trümmerfeld, das Magnetfeld, das Schild (misma categoría que *das Plakat*), das Wild.

Masculino: der Held, der Schild, der Sold, der Wald

Femenino: die Geduld, die Schuld

-ma: (de origen griego)

- das Aroma
- das Charisma
- das Dilemma
- das Dogma
- das Drama
- das Klima
- das Koma (la coma)
- das Komma (el coma)
- das Magma
- das Panorama
- das Paradigma
- das Plasma
- das Prisma
- das Schema
- das Sperma

- das Stigma
- das Thema
- das Trauma

No son de origen griego: das Karma, das Lama

Excepiones: *die Firma* (misma categoría que en *die Gesellschaft*); *der Puma* (animales temerosos tienden a ser de género masculino)

-ment: (algunos pocos sustantivos importados que pertenecen a esta categoría tienden a ser de género neutro)

- das Abonnement
- das Apartment
- das Argument
- das Departement
- das Dokument
- das Element
- das Equipment
- das Experiment
- das Fragment
- das Fundament
- das Instrument
- das Kompliment
- das Management
- das Medikament
- das Monument
- das Ornament
- das Parlament
- das Pergament
- das Pigment
- das Posament
- das Regiment
- das Reglement

- das Sakrament
- das Sediment
- das Segment
- das Sortiment
- das Statement
- das Temperament
- das Testament
- das Wealth Management

Excepciones:

- der Konsument (el consumidor, se refiere a una persona, mientras que el antes mencionado sustantivo de género neutro no lo es)
- der Zement (misma categoría que *der Sand*, *der Stein*, *der Beton*, *der Kiesel*, *der Kitt*, *der Klebstoff*)

-nis: sustantivos con la terminación *-nis* pueden ser de género neutro o femenino

Los sustantivos de género femenino que acaban con *-nis* tienden a referirse a actitudes, condiciones o a conceptos más abstractos:

- die Bedrängnis (la angustia; misma categoría que *die Angst*, *die Sorge* y otras condiciones existenciales, como *die Armut*)
- die Befugnis (la autorización)
- die Bewandtnis (característica personal)
- die Bitternis (la amargura)
- die Empfängnis (la concepción)
- die Erlaubnis (el permiso, en esta categoría se encuentran también las reglas y los límites como *die Regelung*, *die Frist*, *die Limitierung*, *die Grenze*, *die Beschränkung*)
- die Ersparnis (el ahorro)

- die Fäulnis (la putrefacción)
- die Finsternis (el eclipse; similar categoría que *die Dunkelheit*, *die Nacht*)
- die Kenntnis (el conocimiento, la sabiduría es una categoría de género femenino)
- die Wildnis (la caza es de género femenino, como era la diosa de la caza para los griegos y los romanos)

Los sustantivos de género neutro que acaban con *-nis* tienden a referirse a algo más concreto (eventos/resultados/objetos físicos) y son un tanto más extrovertidos que los sustantivos de género femenino que terminan con *-nis*:

- das Ärgernis (la contrariedad)
- das Bedürfnis (el requisito)
- das Begräbnis (el funeral)
- das Bekenntnis (el compromiso)
- das Besäufnis (la borrachera)
- das Bildnis (el retrato)
- das Bündnis (la alianza)
- das Eingeständnis (la confidencia)
- das Ereignis (el incidente)
- das Ergebnis (el resultado, también en los negocios: *das Betriebsergebnis*)
- das Erlebnis (la experiencia; también en la aventura con anécdota: *das Aha-Erlebnis*)
- das Erzeugnis (el producto)
- das Gedächtnis (la memoria; el cerebro es de género neutro, *das Gehirn*)
- das Gefängnis (la prisión)
- das Geheimnis (similar categoría que *das Rätsel*, *das Mysterium*, *das Phänomen*, *das Wunder*)
- das Geständnis (la confesión, misma categoría que *das Bekenntnis*)

- das Hemmnis (a veces un tipo de obstáculo más sutil)
- das Hindernis (a veces un impedimento más de tipo físico)
- das Tennis (tipos de deportes tienden a ser de género neutro)
- das Verhältnis (la proporción, la relación)
- das Verhängnis (la fatalidad)
- das Verständnis (la comprensión)
- das Missverständnis (el malentendido)
- das Unverständnis (la incomprensión)
- das Verzeichnis (la lista, el directorio)
- das Wagnis (el riesgo)
- das Zerwürfnis (la grieta, el conflicto)
- das Zeugnis (el testimonio, el certificado)

-ol: en esta categoría se encuentran muchas sustancias químicas que son por lo general de género neutro, así como también las palabras utilizadas con frecuencia como son *das Idol* y *das Symbol*

- das Aerosol
- das Äthanol/Ethanol
- das Benzol
- das Cobol
- das Glykol
- das Idol
- das Menthol
- das Mol
- das Monopol
- das Phenol
- das Polystyrol
- das Sol (un químico, el dios romano del sol llevaría *der*)
- das Stanniol

- das Südtirol (países y regiones tienden a ser de género neutro)
- das Symbol
- das Thymol
- das Tirol (países y regiones tienden a ser de género neutro)
- das Toluol

Excepciones:

- der Alkohol (mientras que los químicos tienden a ser de género neutro, el alcohol y las bebidas alcohólicas tienden a ser de género masculino)
- der Pirol (una clase de pájaro, los pájaros tienden a ser de género masculino)
- der Pol, der Nordpol, der Südpol, der Gegenpol (los puntos cardinales son de género masculino)

-om/-ym:

- das Akronym
- das Atom
- das Axiom
- das Binom
- das Chromosom
- das Diplom
- das Enzym
- das Genom
- das Kondom
- das Metronom
- das Monom
- das Phantom
- das Polynom
- das Pseudonym

- das Symptom
- das Syndrom

-skop:

- das Horoskop
- das Kaleidoskop
- das Mikroskop
- das Periskop
- das Stethoskop
- das Teleskop

-tum:

- das Altertum
- das Analphabetentum
- das Arboretum
- das Ausstellungsdatum
- das Bauerntum
- das Besitztum
- das Bevölkerungswachstum
- das Bistum
- das Brauchtum
- das Bürgertum
- das Christentum
- das Datum
- das Diktum
- das Eigentum
- das Erratum
- das Erzbistum
- das Erzherzogtum
- das Faktum
- das Fürstentum
- das Geldmengenwachstum

– das Gemeindeeigentum
– das Gewinnwachstum
– das Grossherzogtum
– das Grundeigentum
– das Haltbarkeitsdatum
– das Heidentum
– das Heiligtum
– das Heldentum
– das Herstelldatum
– das Importwachstum
– das Jahreswachstum
– das Judentum
– das Kaisertum
– das Kleinbürgertum
– das Kompositum
– das Künstlertum
– das Laientum
– das Lieferdatum
– das Mehrheitsvotum
– das Misstrauensvotum
– das Miteigentum
– das Mitläufertum
– das Mönchstum
– das Nullwachstum
– das Papsttum
– das Präteritum
– das Privateigentum
– das Quantum
– das Rektum
– das Scheichtum
– das Skrotum
– das Stadtbürgertum
– das Strebertum
– das Tagesdatum

- das Ultimatum
- das Unternehmertum
- das Verbrechertum
- das Verfalldatum
- das Vertrauensvotum
- das Volkstum
- das Votum
- das Wachstum
- das Wirtschaftswachstum
- das Zellwachstum
- das Zwittertum

Excepciones:

- der Irrtum (la misma categoría que *der Fehler*)
- der Reichtum

-um: (especialmente si el sustantivo es de origen latino)

- das Album
- das Aquarium
- das Auditorium
- das Bakterium
- das Evangelium
- das Forum
- das Gymnasium
- das Impressum
- das Individuum
- das Jubiläum
- das Kriterium
- das Maximum
- das Minimum
- das Ministerium
- das Museum

- das Opium
- das Optimum
- das Pensum
- das Podium
- das Publikum
- das Serum
- das Stadium
- das Studium
- das Vakuum
- das Visum
- das Zentrum

Excepciones: der Konsum (de la misma categoría que *der Verbrauch*).

-werk: los sustantivos compuestos que llevan *das Werk*

- das Atomkraftwerk
- das Bauwerk
- das Bollwerk
- das Braunkohlekraftwerk
- das Breitbandnetzwerk
- das Computernetzwerk
- das Dampfkraftwerk
- das Datennetzwerk
- das Diskettenlaufwerk
- das Erdwärmekraftwerk
- das Feuerwerk
- das Gaskraftwerk
- das Gaswerk
- das Gedankenwerk
- das Gemeinschaftswerk
- das Gewerk
- das Glaswerk

- das Handwerk
- das Hauptwerk
- das Hilfswerk
- das Kraftwerk
- das Kunstwerk
- das Laufwerk
- das Meisterwerk
- das Metallwerk
- das Nachschlagewerk
- das Netzwerk
- das Orchesterwerk
- das Sammelwerk
- das Stahlwerk
- das Standardwerk
- das Stockwerk
- das Strahltriebwerk
- das Wasserwerk
- das Windkraftwerk
- das Wunderwerk

-yl:

- das Acryl
- das Asyl (del griego y como es una palabra importada tendería a ser de género neutro)
- das Vinyl

-zept:

- das Konzept
- das Rezept

-zeug:

- das Zeug

- das Fahrzeug
- das Flugzeug
- das Kampfflugzeug
- das Militärflugzeug
- das Passagierflugzeug
- das Schreibzeug
- das Silberzeug
- das Spielzeug
- das Werkzeug

Uno o el Otro

En los casos donde los sustantivos tienden a estar asociados con dos de los tres géneros, usted tiene una alta probabilidad de adivinar el género correcto.

Masculino o neutro

Los sustantivos que acaban con una consonante doble, *-ck*, *-tz* o *-ss* son por lo general de género masculino o neutro si no finalizan con *-ness* (die Fitness, die Wellness).

Una manera de intentar realizar la distinción entre el género masculino y el neutro de las palabras en esta categoría es que la mayoría de los sustantivos de raíz monosilábica tienden a ser de género masculino, no así los sustantivos que comienzan con *G-* o *Ge-* que tienden a ser de género neutro.

-ck:

Masculino: der Blick, der Dreck, der Druck, der Fleck, der Geck, der Klick, der Knick, der Lack, der Rock, der Schluck, der Speck, der Trick, der Zweck

Neutro: das Dreieck (el triángulo), das Gebäck (las palabras comenzadas con *Ge-* tienden a ser de género neutro), das Genick, das Gepäck, das Glück, das Stück, das Comeback, das Feedback (palabras importadas tienden a ser de género neutro)

-eer: das Heer (la armada), das Meer (el mar); der Lorbeer (el laurel), der Teer (el alquitrán), der Speer, der Eritreer (el eritreo)

-kt:

Masculino: der Affekt, der Akt, der Architekt, der Aspekt, der Defekt, der Dialekt, der Effekt, der Infarkt, der Infekt, der Instinkt, der Intellekt, der Katarakt (la cascada de agua), der Konflikt, der Kontakt, der Kontrakt, der Markt, der Pakt, der Prospekt, der Punkt, der Respekt, der Sekt, der Takt, der Trakt

Neutro: das Artefakt, das Delikt, das Edikt, das Konfekt, das Insekt, das Konstrukt, das Objekt, das Perfekt (el tiempo perfecto, los casos gramaticales tienden a ser de género neutro), das Projekt, das Produkt, das Relikt, das Subjekt, das Verdikt (misma categoría que *das Urteil*)

Excepciones (género femenino): *die* Katarakt (la catarata de los ojos, no confundir con *der* Katarakt, cascada de agua)

-isch: la terminación *-isch* es utilizada extensamente para adjetivos y para algunos sustantivos que son tanto de género masculino como neutro. Sustantivos de género masculino que acaban con *-isch*: der Fisch, der Tisch, der Fetisch; en los sustantivos de género neutro que acaban con *-isch* se incluyen los lenguajes, las lenguas como categoría tienden a ser de género neutro: das Arabisch, das Englisch, das Spanisch

-o: sustantivos que terminan con *-o* son por lo general de género neutro o masculino.

Ejemplos (neutro):

de origen griego (las palabras importadas tienden a ser de género neutro): das Auto, das Kino, das Kilo, das Deo, das Trio, das Ego, das Foto,[56] das Echo, das Logo, das Mikro, das Makro

de origen latino: das Credo/Kredo, das Neutrino, das Memo

de origen francés: das Abo (*das Abonnement*), das Bistro, das

Büro, das Cabrio, das Karo, das Portfolio, das Rokoko, das Rollo

de origen italiano: das Solo, das Duo, das Manko, das Tempo, das Motto, das Fresko, das Studio, das Ghetto, das Piano, das Kasino, das Konto, das Veto, das Lotto, das Porto, das Intermezzo, das Inferno, das Libretto, das Risiko, das Rondo, das Fiasko, das Inkasso, das Kommando, das Szenario, das Intro (apertura de la pieza musical)

de origen inglés: das Banjo, das Ufo, das Shampoo, das Bingo, das Placebo; de origen español como das Embargo, das Lasso, das Eldorado

una lengua que acaba con *-o* (y las lenguas tienden a ser de género neutro): das Esperanto

Instrumentos musicales que acaban con *-o*: das Cello, das Cembalo, das Piano

Tipos de deportes que terminan con *-o* que son de género neutro: das Judo, das Polo, das Rodeo

Los nombres de países de género neutro que acaban con *-o*: (das alte) Montenegro, (das alte) Marokko, (das alte) Monaco, (das alte) Mexiko

Excepciones (sustantivos de género masculino que terminan con *-o*):

- der Bolero (muchos bailes son de género masculino)
- der Cappuccino (bebidas tienden a ser de género masculino)
- der Dingo (misma categoría que *der Hund*)
- der Dynamo (la mayoría de las maquinarias son de género masculino)

- der Embryo (misma categoría que *der Fetus*, *der Keim*)
- der Eskimo
- der Espresso (bebidas tienden a ser de género masculino)
- der Euro (muchas monedas son de género masculino)
- der Fango (el barro que se utiliza en tratamientos, la categoría suelo es de género masculino)
- der Flamenco (un tipo de danza)
- der Flamingo (pájaros grandes tienden a ser de género masculino)
- der Gecko
- der Gigolo
- der Ginkgo
- der Gusto (misma categoría que *der Geschmack*)
- der Kakao (bebidas tienden a ser de género masculino)
- der Macho
- der Mungo
- der Oregano (las especias tienden a ser de género masculino)
- der Pluto (la categoría "cuerpos celestiales" tiende a ser de género masculino)
- der Porno
- der Saldo (misma categoría que *der Betrag*, *der Kontostand*)
- der Salto (misma categoría que *der Überschlag*)
- der Schirokko (una clase de viento)
- der Sombrero (misma categoría que *der Hut*)
- der Tacho (el velocímetro, la mayoría de tipos de maquinarias e instrumentos son de género masculino)
- der Tango (danzas tienden a ser de género masculino)
- der Torero

- der Tornado (tipos de vientos tienden a ser de género masculino)
- der Torpedo (la mayoría de las maquinarias son de género masculino)
- der Torso (misma categoría que *der Oberkörper*)
- der Trafo (el transformador, tipos de maquinaria son de género masculino)
- der Zoo (misma categoría que *der Tiergarten*)

Excepciones (femenino): die Demo, die Disko, die Limo, die Info (porque son palabras acortadas *die Demonstration*, *die Diskothek*, *die Limousine*, *die Information*); die Uno/UNO, die NATO, die NGO (porque la *O* representa la palabra *die Organisation*); die Avocado, die Libido, die Mango

-os: este es una típica terminación para muchos sustantivos griegos de género masculino; piense por ejemplo en el Dios griego del vino, Dionysos. Cuando son importados al alemán, los sustantivos griegos terminados en *-os* tienden a permanecer con el género masculino (*der Kosmos*, *der Mythos*) o se convierten en neutro, como es en el caso de muchas de las palabras importadas (*das Chaos*, *das Pathos*). La mirada útil aquí es que al menos los sustantivos alemanes que acaban con *-os* no se asocian típicamente a lo femenino.

-tz: der Blitz, der Schlitz, der Sitz der Witz

Femenino o masculino

-mut: sustantivos que acaban con *-mut* se encuentran entre todos los tres géneros, pero los abstractos son mayormente de género femenino o masculino. Los sustantivos abstractos de género masculino tienden a representar características más agresivas, mientras los de género femenino representan aspectos más sumisos[57]

- die Armut (la pobreza)

- die Demut (la humidad)
- die Langmut (la paciencia)
- die Sanftmut (la mansedumbre)
- die Schwermut (la tristeza)
- die Wehmut (la melancolía)

pero:

- der Mut (el coraje)
- der Freimut (la franqueza)
- der Hochmut (la arrogancia)
- der Missmut (el descontento)
- der Übermut (el optimismo)
- der Unmut (el resentimiento)
- der Wagemut (el coraje)

Los sustantivos que describen el mundo físico tienden a ser de género neutro, por eso *das Bismut* (un elemento químico).

Consonantes dobles

Los sustantivos que acaban con una doble consonante pueden ser de género masculino, neutro o femenino. Una combinación de las Reglas 1 y 2 a veces contribuyen a desbloquear el género. Por ello, sustantivos cortos monosílabos tienden a ser de género masculino, a menos que se refieran a un sustantivo asociado a una típica terminación correspondiente a otro género o si se refieren a una categoría de sustantivos que tienden a ser de otro género.

Masculino: der Ball, der Drall, der Drill, der Fall, der Hall, der Müll, der Zoll, der Griff, der Stoff, der Damm, der Schlamm, der Sinn, der Tipp, der Biss, der Griess, der Gruss, der Fluss, der Frass, der Fuss, der Kloss, der Kuss, der Pass, der Russ, der Spass, der Schweiss, der Spiess, der Strauss, der Schluss, der Schuss, der Stoss, der Schoss, der Fleiss, der Ritt, der Tritt

Neutro: das Ass, das Fass (el barril), das Kinn, das Fell (pelo de animal), das Schiff (misma categoría que *das Boot*), das Kaff, das Bett, das Brett, das Fett (sustantivos finalizados con *-ett* tienden a ser de género neutro en un 95 por ciento de las veces), das Lamm, das Schloss, das Mass, das Floss, das Gefäss, das Gesäss, das Geschoss (las palabras que comienzan con *Ge-* tienden a ser de género neutro), das Edelweiss

Femenino: die Nuss (las frutas tienden a ser de género femenino), die Null (los números son de género femenino), die Nachtigall (pájaros pequeños tienden a ser de género femenino), die Geiss (la cabra)

Sustantivos con más de un género

Una pequeña fracción de los sustantivos en alemán pueden ser asociados con más de un género. Este fenómeno es a veces causado por preferencias regionales. Por ejemplo, si usted viene del norte de Alemania, la preferencia para *E-Mail* es que sea de género femenino porque pertenece a la misma categoría que *die Post*. Por el contrario, en el sur de Alemania, Austria y Suiza, se llegado a la conclusión de que al ser esta una palabra importada debería llevar el género neutro, *das E-Mail*.

Otro ejemplo es el sustantivo App. Algunas personas piensan que una app de software es de género femenino porque es la abreviación de *die Applikation*; otros piensan que es de género neutro porque es parte de la misma categoría que *das Programm*. Por lo tanto, es *die* App o *das* App.

Dado que el lenguaje es dinámico, a lo largo del tiempo es de esperar que con respecto al género se vayan haciendo turnos. Por ejemplo, *Duden Fremdwörterbuch* realizó 199 cambios al género de los sustantivos entre sus ediciones de 1960 y 1997.[58]

La combinación más común de los géneros es la del masculino y el neutro. La opción del neutro puede a menudo ser explicada por la palabra importada de otro idioma:

- der/das Aquädukt (importado del latín, lo que tendería a convertirlo en neutro)
- der/das Barock (referido al arte o música barroca, una palabra francesa importada, lo que tendería a ser de género neutro)
- der/das Biotop (una palabra importada del griego, lo que la convertiría típicamente en género neutro)

- der/das Bonbon (importada del francés)
- der/das Dotter (la yema de huevo; otra palabra para *das Eigelb*, sugiere una preferencia por la categoría del neutro)
- der/das Drittel (los alemanes dicen *das*, los suizos *der*)
- der/das Dschungel (misma categoría que *der Urwald*, también una importación de jungle, jungla, por lo tanto, das)
- der/das Extrakt (lo mismo que *der Auszug* y *das Konzentrat*)
- der/das Fakt (viene de *das Faktum*)
- der/das Gelee
- der/das Iglu
- der/das Indigo
- der/das Joga/Yoga
- der/das Kehricht
- der/das Kosovo (un caso inusual de un país con dos géneros)
- der/das Liter (los suizos prefieren *der*)
- der/das Link
- der/das Log-in/Login
- der/das Match (los alemanes utilizan *das*, porque es un sinónimo de *das Spiel*, los suizos prefieren *der* porque también significa *der Wettkampf*)
- der/das Meter
- der/das Nougat/Nugat
- der/das Oman (en el sur de Alemania, Austria y Suiza prefieren *der*)
- der/das Perron
- der/das Piment
- der/das Pontifikat
- der/das Purpur (el púrpura)
- der/das Pyjama (los alemanes prefieren *der*, porque es el sinónimo de *der Schlafanzug*, los austríacos y

los suizos prefieren *das*, porque los sustantivos que acaban con *-ma* tienden a ser de género neutro)
- der/das Radio (en el sur de Alemania, Austria y Suiza prefieren *der* porque es de la misma categoría que *der Rundfunk*)
- der/das Scan
- der/das Silo
- der/das Spagat
- der/das Storno
- der/das Tattoo
- der/das Teil (*der Teil* = una parte integral de un todo, como en *der Stadteil*, *das Teil* = una pieza suelta, sinónimo de *das Stück*)
- der/das Techno
- der/das Terminal
- der/das Viadukt
- der/das Virus (en lo técnico-científico, la preferencia es a favor de *das*)
- der/das Volleyball

En segundo lugar, está la combinación de masculino y femenino:

- der/die Abscheu (significa asco, repulsión, esta palabra tiene sus raíces en *die Scheu*, la timidez, lo cual podría explicar el porqué los alemanes aún no pueden decidir bien su género. Originalmente, *Abscheu* tendía a ser de género masculino, lo que demostraría como el género de algunas palabras pueden variar a través de los siglos)
- der/die Fussel (la pelusa en la ropa)
- der/die Mambo (danza latina, los bailes tienden a ser de género masculino)
- der/die Oblast (la óblast)
- der/das Python (mientras que los sustantivos que terminan con *-on* tienden a ser de género masculino, una pitón es de la misma categoría que *die Schlange*)

- der/die Samba (danza latinoamericana, la terminación *-a* es más típica para los sustantivos de género femenino)
- der/die Salbei (la salvia, la planta/hierba; las especias tienden a ser de género masculino, pero la terminación *-ei* tiende a ser de género femenino)
- der/die Sellerie (las hortalizas tienden a ser de género masculino, pero *-ie* tiende a ser una terminación del género femenino).

Luego sigue la combinación del femenino y el neutro:

- die/das Aerobic (*die* Übung o *das* Fitnesstraining)
- die App (die Applikation), das App (das Programm)
- die Cola (norte de Alemania) o *das* Cola (en Austria, Suiza y sur de Alemania)
- die/das Consommé (palabra importada del francés, pero que termina con una *-e* la cual se asocia a los sustantivos de género femenino)
- die E-Mail (norte de Alemania) o *das* E-Mail (en Austria, Suiza y sur de Alemania)
- die/das Foto (ya sea porque la palabra original es *die Fotografie* o porque las palabras que acaban con *-o* tienden a ser de género neutro)
- die/das Furore (importada del italiano, lo que la convertiría en género neutro, pero al tener la terminación *-e*, se la asocia de manera abrumadora a los sustantivos de género femenino)
- die/das SMS (Alemania prefiere *die*, porque SMS es sinónimo de *die Kurznachricht*, mientras que Austria y Suiza prefieren das, porque los sustantivos importados tienden a ser de género neutro)
- die/das Tram (en la mayoría de Alemania, parecieran creer que Tram es el corto de *die Trambahn*, lo que lo convierte en género femenino, pero en partes del sur de Alemania y Suiza piensan que es una palabra importada, "tramcar", por eso ellos prefieren utilizar el género neutro)

Se encuentran muy pocos sustantivos con tres géneros:

- der / die / das Bookmark
- der / die / das Dingsbums (el coso, el comosellame)
- der / die / das Joghurt
- der / die / das Spam
- der / die / das Triangel

Observe que, ocasionalmente, un género diferente para un mismo sustantivo puede llegar a modificar el significado de un nombre completamente, en cuyo caso usted necesita conocer el género preciso. Afortunadamente hay muy pocos de dichos sustantivos:

- *der* Band (el libro de tapa dura), *die* Band (el grupo musical), *das* Band (la cinta)
- *der* Katarakt (la cascada), *die* Katarakt (la catarata)
- *der* Kiwi (el pájaro), *die* Kiwi (la fruta)
- *der* Kristall (el mineral), *das* Kristall (un objeto de vidrio de cristal)
- *der* Lama (el sacerdote budista), *das* Lama (el animal)
- *das* Laster (el vicio), *der* Laster (el camión)
- *der* Mast (el mástil), *die* Mast (el acto de engrasar cosas)
- *der* Moment (el momento, el instante), *das* Moment (momentum, factor, torsión)
- *die* See (el mar), *der* See (el lago)
- *das* Tor (un gran portón, puerta o el gol), *der* Tor (un tonto)
- *der* Verdienst (la ganancia), *das* Verdienst (el mérito)

Sustantivos sin género

Existen algunos pocos sustantivos que no poseen género. En ellos están incluidos:

- Aids
- Allerheiligen (Día de todos los Santos; el primero de noviembre en Europa occidental)

No utilizar el género gramatical cuando un sustantivo no lo posee no es lo mismo que saber omitir el artículo definido cuando el sustantivo efectivamente posee un género. Afortunadamente los principios que determinan cuando omitir el artículo definido son similares en inglés y en alemán, como también en español. Es así como cuando decimos "yo quiero agua", sin el artículo definido, podemos omitir el *das* antes de *Wasser* en alemán. Lo mismo sucede cuando utilizamos sustantivos colectivos o cuando generalizamos, por ejemplo, en la frase "se requiere sabiduría". Es solamente cuando queremos ser específicos que añadimos el artículo definido, "la sabiduría de Salomón es requerida", "yo quiero el agua fría". Lo mismo sucede en alemán: *der*, *die*, *das* añaden precisión.

Índice y Prueba de Evaluación

Para decodificar el género de los sustantivos en alemán, usted necesita saber el género asociado a algunas categorías y a sonidos. Este índice puede, por lo tanto, servirle como una autoevaluación de su competencia. Cada término requiere esencialmente una respuesta a la siguiente pregunta: "¿qué género tiende a representar este término?"

A

B

C

D

E

F

G

H

I

V

W

X

Y

Z

Notas

---

[1] Basado en el análisis de alrededor de 100'000 sustantivos listados en *Duden – Deutsches Universalwörterbuch*, correspondientes a mitad de 2015.

[2] Basado en el análisis computarizado the alrededor de 16 milliones de palabras (esto es, palabras repetidas con todos sus posibles casos) que constituyen la base de datos lingüística del Duden de mitad de 2015 (Fuente: *Duden – Deutsches Universalwörterbuch*).

[3] Un caso indicativo es el libro de gramática de alemán de 400 páginas para estudiantes ingleses, *A Practice Grammar of German*, de Dreyer y Schmitt (2010). Al comienzo del libro se recomienda no intentar aprender reglas generales acerca del género, sino "memorizar cada sustantivo con su artículo definido".

[4] Twain, Mark. 1880. "The Awful German Language", Appendix D en *A Tramp Abroad*, Chatto & Windus.

[5] Köpcke, Klaus-Michael. 1982. *Untersuchungen zum Genussystem der deutschen Gegenwartssprache.* Max Niemeyer Verlag, página 1. Este autor cita cuatro expertos lingüísticos del momento para justificar su punto.

[6] Köpcke, Klaus-Michael. 1982. *Untersuchungen zum Genussystem der deutschen Gegenwartssprache.* Max Niemeyer Verlag. Köpcke también trabajó de manera cercana con David Zubin y juntos publicaron numerosos estudios, incluyendo Köpcke, Klaus-Michael and Zubin, David A., "Sechs Prinzipien für die Genuszuweisung im Deutschen: Ein Beitrag zur natürlichen Klassifikation" en *Linguistische Berichte* 93 (1984), 26-50, reproducido en Sieburg, Heinz (ed.) 1997. *Sprache – Genus/Sexus.* Peter Lang. Véase también Zubin, D. A., & Köpcke, K.-M. 1981. Gender: A less than arbitrary grammatical category, en R. A. Hendrick, C. A. Masek, & M. F. Miller (eds.), *Papers from the seventeenth regional meeting, Chicago Linguistic Society* (pp. 439-449). Chicago: Chicago Linguistic Society; Zubin, D. A., and Koepcke, K.-M. 1984. Affect classification in the German gender system. *Lingua*, 63: 41–96; Zubin, D. A., & Köpcke, K.-M. 1986. "Gender and folk-taxonomy:

The indexical relation between grammatical gender and lexical categorization", en C. Craik (ed.), *Noun classes and categorization* (pp. 139-180).

[7] La fuente de información de las edades de los niños alemanes en el dominio de los aspectos del género en alemán, como fuera citado en este párrafo, proviene de estudios referenciados en Mills, A.E. 1986. *The Acquisition of Gender: A Study of English and German.* Springer-Verlag.

[8] Krohn, Dieter and Krohn, Karin. 2008. *Der, das, die – oder wie? Studien zum Genuserwerb schwedischer Deutschlerner*. Peter Lang., p. 107

[9] Köpcke, Klaus-Michael. January 2009. *Genus,* p. 137, refiere los resultados de cuatro experimentos independientes.

[10] Diversas excepciones pueden ser encontradas a través del conocimiento de otras categorías, o por referencia a sonidos (Regla 2). Véase, por ejemplo, el capítulo acerca de sustantivos neutros para una explicación de porqué se dice *das Bier* y *das Wasser.*

[11] *Duden - Deutsches Universalwörterbuch* (del 2015)

[12] La fuente de información de las edades de los niños alemanes en el dominio de los aspectos del género en alemán, como fuera citado en este párrafo, proviene de estudios referenciados en Mills, A.E. 1986. *The Acquisition of Gender: A Study of English and German.* Springer-Verlag.

[13] Véanse las referencias a textos en griego y latín en Brugmann, Karl. 1889. "Das Nominalgeschlecht in den Indogermanischen Sprachen", in *Techmers Internationaler Zeitschrift für allgemeine Sprachwissenschaft* (1889), 100-109, reproduced in Sieburg, Heinz (ed.) 1997. *Sprache – Genus/Sexus*. Peter Lang, pp. 33-43.

[14] Esta hipótesis es discutida en Köpcke, Klaus-Michael and Zubin, David A., "Sechs Prinzipien für die Genuszuweisung im Deutschen: Ein Beitrag zur natürlichen Klassifikation" in *Linguistische Berichte* 93 (1984), 26-50, reproducido en Sieburg, Heinz (ed.) 1997. *Sprache – Genus/Sexus*. Peter Lang, pp. 101-107.

[15] Estos porcentajes se derivan de la Tabla 2.7 "Some Phonetic Rules of Gender Assignment in German", in Mills, A.E. 1986. *The Acquisition of Gender: A Study of English and German.* Springer-Verlag., p. 33.

[16] Köpcke, Klaus-Michael. 1982. *Untersuchungen zum Genussystem der deutschen Gegenwartssprache*; Köpcke, Klaus-Michael. 1994. *Funktionale Untersuchungen zur deutschen Nominal- und Verbalmorphologie*; Köpcke, Klaus-Michael. January 2009.

[17] En vez de asociar *das Atelier* como perteneciente a la misma categoría de *das Haus*, se podría haber asociado con *die Wohnung,* lo cual es una asociación también razonable para hacer. Pero ello habría requerido ignorar la terminación *-ier*, que tiende a señalar el neutro, especialmente si se reconoce al sustantivo como importado del francés.

[18] Esta hipótesis es discutida en Köpcke, Klaus-Michael and Zubin, David A., "Sechs Prinzipien für die Genuszuweisung im Deutschen: Ein Beitrag zur natürlichen Klassifikation" in *Linguistische Berichte* 93 (1984), 26-50, reproducido en Sieburg, Heinz (ed.) 1997. *Sprache – Genus/Sexus*. Peter Lang, pp. 97-98.

[19] Aquí temenos otro caso relativamente raro donde sinónimos de palabras relacionadas estrechamente no comparten el mismo género: Mientras encontramos *der Swimmingpool*, vale al mismo tiempo *das Schwimmbad.*

[20] Véase el término para sustantivos terminados en *-ier* en el capítulo sobre sustantivos neutros, para una explicación de porqué se dice *das Bier.*

[21] También puede ser *der/die Mambo, der/die Rumba, der/die Samba*

[22] Importada del inglés, lo cual debería tender a hacer de *Gag* un sustantivo neutro, pero aquí temenos un ejemplo de cómo la terminación *-ag* ha ayudado a proveer un género masculino: *der Gag*. Otro ejemplo es *der Lag*, del sustantivo inglés lag; la terminación *-ag* es entonces fuertemente masculina.

[23] Véase el término para "países" en el capítulo de sustantivos neutros para una explicación de cuándo utilizar el artículo *das* al referenciar un país de género neutro, porque el artículo se omite usualmente.

[24] Los sustantivos que comienzan con *Ge* son mayoritariamente neutros, pero existe una rara excepción para aquellos que terminan en *ang* y que por lo tanto son masculinos. Ello sugiere que la terminación fuerza el género masculino.

[25] Sustantivos importados de otras lenguas tienden a ser neutros o a asociarse con el género de su sinónimo en alemán. El sustantivo *der Toast*, sin embargo, no queda representado por estas reglas si refiere a pan tostado, pero su género es consistente como sinónimo de *der Trinkspruch*, en el sentido de brindar levantando el vaso en honor a algo o a alguien.

[26] Wegener, Heide. 1995. *Die Nominalflexion des Deutschen – verstanden als Lerngegenstand.* Max Niemeyer Verlag., p. 75.

[27] ibid., p. 75.

[28] En alemán se pueden identificar los verbos en su infinitivo por su terminación *-en*, como en *spielen* (jugar o tocar un instrumento). Convirtamos *spielen* ahora en sustantivo. Si deseamos significar "el acto de jugar", como en "el jugar es una actividad importante para los niños", entonces se capizaliza la palabra a *Spielen* para indicar que se ha convertido en sustantivo. Los sustantivos así creados son típicamente neutros: *das Spielen.* Esta regla ayuda a conocer el género de muchos sustantivos así creados. Similarmente, si se encuentra un sustantivo con terminación *-en* que claramente no proviene de un verbo, como *Kindergarten*, entonces la probabilidad es alta para que el sustantivo sea masculino, como es este ejemplo: *der Kindergarten.*

[29] Los sustantivos con terminaciones en *-ment* tienden a ser neutros; véase el capítulo acerca de sustantivos neutros.

[30] Para detalles en las terminaciones *-ier*, véase el capítulo acerca de sustantivos neutros.

[31] Wegener, Heide. *op. cit.*, p. 75.

[32] ibid., p. 75.

[33] ibid., p. 75.

[34] ibid., p. 75.

[35] ibid., p. 75.

[36] Los sustantivos con terminaciones en *-ur* tienden a ser femeninos; véase el capítulo acerca de sustantivos femeninos.

[37] Los porcentajes de sustantivos *-ich* han sido derivados de la Tabla 2.7 "Some Phonetic Rules of Gender Assignment in German", en Mills, A.E. 1986. *The Acquisition of Gender: A Study of English and German.* Springer-Verlag., p. 33.

[38] Köpcke, Klaus-Michael. 1982. *Untersuchungen zum Genussystem der deutschen Gegenwartssprache.* Max Niemeyer Verlag.

[39] Véase la referencia a terminaciones *-ing* en el capítulo acerca de sustantivos neutros.

[40] Véase, por ejemplo, Köpcke, Klaus-Michael. 1982. *Untersuchungen zum Genussystem der deutschen Gegenwartssprache* and *Köpcke, Klaus-Michael. January 2009. Genus*, p. 136, que referencia bibliografía adicional sobre este tema.

[41] No es la misma cosa o el mismo género que la unidad más pequeña del habla: *das Wort.*

[42] Algunas excepciones: *das Klavier*, porque los sustantivos de objetos inanimados que terminan en *-ier* tienden a ser neutros, como en *das Bier, das Papier*; esto también significa que el sinónimo de *Klavier*, *das Piano*, será neutro. En el caso de *Saxophon,* sustantivos que terminan en palabras griegas, como es el caso de *phon*, tienden a ser neutros.

[43] Discusión en Köpcke, Klaus-Michael and Zubin, David A., "Sechs

Prinzipien für die Genuszuweisung im Deutschen: Ein Beitrag zur natürlichen Klassifikation" in *Linguistische Berichte* 93 (1984), 26-50, reproduced in Sieburg, Heinz (ed.) 1997. *Sprache – Genus/Sexus*. Peter Lang, p. 97-98.

[44] Este porcentaje proviene de la Tabla 2.7 "Some Phonetic Rules of Gender Assignment in German", en Mills, A.E. 1986. *The Acquisition of Gender: A Study of English and German.* Springer-Verlag., p. 33.

[45] Wegener, Heide. *op. cit.*, p. 75.

[46] ibid., p. 75.

[47] Véase el término "unidades de medición de temperatura" en el capítulo acerca de sustantivos neutros.

[48] Este porcentaje proviene de la Tabla 2.7 "Some Phonetic Rules of Gender Assignment in German", en Mills, A.E. 1986. *The Acquisition of Gender: A Study of English and German.* Springer-Verlag., p. 33.

[49] Estos porcentajes de sustantivos *-cht* han sido derivados de la Tabla 2.7 "Some Phonetic Rules of Gender Assignment in German", en Mills, A.E. 1986. *The Acquisition of Gender: A Study of English and German.* Springer-Verlag., p. 33.

[50] Los sustantivos con terminaciones en *-eur* son típicamente masculinos si ellos refieren a profesiones, roles o actividades. Para más detalles, véase el término *-eur* en el capítulo acerca de sustantivos masculinos.

[51] Los porcentajes de sustantivos terminados en *-ur y -ür* han sido derivados de la Tabla 2.7 "Some Phonetic Rules of Gender Assignment in German", en Mills, A.E. 1986. *The Acquisition of Gender: A Study of English and German.* Springer-Verlag., p. 33.

[52] De acuerdo a una búsqueda de internet conducida en mitad de 2017, se encontró una preferencia de 6 a 4 para *der* Kosovo sobre *das* Kosovo.

[53] Pero curiosamente, no es el caso de *der Welpe* (el cachorro).

[54] El porcentaje de sustantivos terminados en *-ett* han sido derivados de la Tabla 2.7 "Some Phonetic Rules of Gender Assignment in German", en Mills, A.E. 1986. *The Acquisition of Gender: A Study of English and German.* Springer-Verlag., p. 33.

[55] El porcentaje de sustantivos terminados en *-ier* han sido derivados de la Tabla 2.7 "Some Phonetic Rules of Gender Assignment in German", en Mills, A.E. 1986. *The Acquisition of Gender: A Study of English and German.* Springer-Verlag., p. 33.

[56] Puede ser también *die Foto*, ya que proviene originalmente de *die Fotografie.*

[57] Esta hipótesis es discutida en Köpcke, Klaus-Michael and Zubin, David A., "Sechs Prinzipien für die Genuszuweisung im Deutschen: Ein Beitrag zur natürlichen Klassifikation" in *Linguistische Berichte* 93 (1984), 26-50,-reproducido en Sieburg, Heinz (ed.) 1997. *Sprache – Genus/Sexus*. Peter Lang, pp. 101-107.

[58] Schulte-Beckhausen, Marion. 2001. *Genusschwankung bei englischen, französischen, italienischen und spanischen Lehnwörtern im Deutschen: Eine Untersuchung auf der Grundlage deutscher Wörterbücher seit 1945.* Verlag Peter Lang, p. 223.

www.ingramcontent.com/pod-product-compliance
Lightning Source LLC
LaVergne TN
LVHW101921220826
846093LV00009B/324
* 9 7 8 3 9 5 2 4 8 1 0 4 2 *